Opowiadania po Hiszpańsku dla Początkujących

Daria Gałek

Spis treści

Wstęp

Witaj w książce "Opowiadania po Hiszpańsku dla Początkujących". Ta wyjątkowa kolekcja zawiera 40 opowiadań, które zostały starannie wybrane, aby pomóc Ci w nauce języka hiszpańskiego. Każde opowiadanie jest przetłumaczone na polski, co ułatwia zrozumienie i śledzenie historii. Ponadto, po każdym opowiadaniu znajdziesz ćwiczenia wraz z odpowiedziami, które pomogą Ci utrwalić zdobytą wiedzę.

Opowiadania zawarte w tej książce są zróżnicowane tematycznie i stopniem trudności, ale wszystkie są dostosowane do poziomu początkującego. Znajdziesz tu historie codzienne, a także bardziej emocjonujące przygody. Każde opowiadanie ma na celu rozwinięcie Twojej znajomości języka hiszpańskiego w sposób przyjemny i angażujący.

Ćwiczenia, które towarzyszą każdemu opowiadaniu, zostały zaprojektowane tak, aby sprawdzić Twoje zrozumienie tekstu i pomóc Ci w nauce nowych słów oraz struktur gramatycznych. Dzięki nim będziesz mógł systematycznie rozwijać swoje umiejętności językowe.

Mam nadzieję, że ta książka stanie się dla Ciebie nie tylko narzędziem do nauki, ale także źródłem radości i satysfakcji z poznawania nowego języka. Życzę Ci wiele przyjemności z czytania i nauki!

Buena suerte y feliz lectura! (Powodzenia i miłej lektury!)

Rady dla Uczących się Czytać Opowiadania po Hiszpańsku

Czytanie opowiadań po hiszpańsku może być zarówno przyjemne, jak i bardzo skuteczne w nauce nowego języka. Aby w pełni skorzystać z zawartych w tej książce opowiadań, warto zastosować kilka prostych, ale skutecznych strategii. Oto kilka rad, które mogą Ci pomóc:

1. Czytaj na głos: Czytanie na głos pomaga w poprawie wymowy i płynności. Usłyszysz, jak brzmią słowa i zdania, co jest niezwykle pomocne w nauce języka obcego.

2. Nie bój się popełniać błędów: Nauka nowego języka to proces, w którym popełnianie błędów jest naturalne i nieuniknione. Każdy błąd to okazja do nauki i poprawy.

3. Skup się na zrozumieniu ogólnego sensu: Na początku nie musisz rozumieć każdego słowa. Skoncentruj się na zrozumieniu ogólnego sensu opowiadania. Z czasem zrozumiesz coraz więcej szczegółów.

4. Wykorzystaj tłumaczenie: Każde opowiadanie w tej książce jest przetłumaczone na polski. Korzystaj z tłumaczeń, aby lepiej zrozumieć tekst hiszpański, ale staraj się najpierw przeczytać oryginalny tekst, zanim spojrzysz na tłumaczenie.

5. Rób notatki: Zapisuj nowe słowa i zwroty, które napotkasz podczas czytania. W ten sposób możesz do nich wracać i utrwalać swoją wiedzę.

6. Uzupełniaj ćwiczenia po każdym opowiadaniu: Ćwiczenia są kluczowym elementem nauki. Rozwiązuj je starannie, aby sprawdzić swoje zrozumienie tekstu i utrwalić nowe słownictwo oraz struktury gramatyczne.

7. Czytaj regularnie: Regularność jest kluczem do sukcesu w nauce języka. Staraj się czytać codziennie, nawet jeśli to tylko kilka minut. Regularne czytanie pomoże Ci stopniowo rozwijać umiejętności językowe.

8. Powtarzaj czytanie: Nie bój się wracać do przeczytanych już opowiadań. Powtarzanie pomoże Ci lepiej zrozumieć tekst i utrwalić nowe słowa oraz struktury gramatyczne.

9. Korzystaj z kontekstu: Jeśli napotkasz trudne słowo, spróbuj zgadnąć jego znaczenie na podstawie kontekstu. To umiejętność, która bardzo przyda Ci się w nauce języka.

10. Miej cierpliwość: Nauka języka to proces, który wymaga czasu. Bądź cierpliwy i konsekwentny, a z pewnością zauważysz postępy.

Pamiętaj, że nauka języka to nie tylko zdobywanie wiedzy, ale także czerpanie radości z odkrywania nowej kultury i sposobów wyrażania się.

Capítulo 1. Día en la Escuela / Dzień w Szkole

Ana se despertó temprano como todas las mañanas. Se vistió rápidamente y fue al comedor para desayunar. Su madre ya había preparado tostadas con mermelada y un vaso de leche caliente.

"¡Date prisa Ana! No querrás llegar tarde a la escuela otra vez", dijo su madre mientras recogía los platos.

Ana asintió y metió sus libros en la mochila. Salió de casa y caminó unas cuadras hasta llegar al colegio. En el patio, algunos de sus amigos ya estaban jugando.

La campana sonó y todos los niños formaron una fila para entrar al edificio. La primera clase era de matemáticas. Ana prestó mucha atención mientras la maestra explicaba las sumas y restas en la pizarra.

Después tuvieron una hora de recreo. Ana y sus amigas jugaron a la rayuela y comieron un pequeño refrigerio.

Las siguientes clases fueron de lectura y ciencias naturales. Ana disfrutaba mucho aprender sobre los animales y las plantas.

Cuando sonó la campana de salida, Ana recogió sus cosas y se dirigió a la puerta principal. Su madre ya la estaba esperando para caminar juntas a casa.

***

Ana obudziła się wcześnie jak każdego ranka. Szybko się ubrała i poszła do jadalni na śniadanie. Jej mama już przygotowała tosty z dżemem i szklankę ciepłego mleka.

"Pospiesz się, Ana! Nie chcesz znowu spóźnić się do szkoły", powiedziała jej mama, zbierając talerze.

Ana skinęła głową i włożyła książki do plecaka. Wyszła z domu i przeszła kilka przecznic, aż dotarła do szkoły. Na boisku niektórzy z jej przyjaciół już się bawili.

Zadzwonił dzwonek i wszystkie dzieci ustawiły się w kolejce, aby wejść do budynku. Pierwszą lekcją była matematyka. Ana uważnie słuchała, gdy nauczycielka wyjaśniała dodawanie i odejmowanie na tablicy.

Potem mieli godzinę przerwy. Ana i jej koleżanki grały w klasy i jadły małą przekąskę.

Następne lekcje to były czytanie i przyroda. Ana bardzo lubiła uczyć się o zwierzętach i roślinach.

Kiedy zadzwonił dzwonek na koniec zajęć, Ana zebrała swoje rzeczy i skierowała się do głównego wejścia. Jej mama już na nią czekała, aby razem wrócić do domu.

Capítulo 2. Un Paseo por el Parque / Spacer po Parku

María y su mamá salieron de casa y caminaron hacia el parque cercano. Era un día soleado y caluroso. El parque estaba lleno de personas disfrutando del buen tiempo.

Vieron a niños pequeños jugando en los columpios y corriendo por el césped verde y suave. Pájaros cantaban alegres canciones entre las ramas de los árboles altos. Flores de colores brillantes adornaban los senderos del parque.

La mamá señaló una ardilla trepando por el tronco rugoso de un gran roble. "¡Mira aquella ardilla, María!", dijo con una sonrisa. María observó con sus grandes ojos al pequeño animal moverse ágilmente.

Continuaron caminando y llegaron a una fuente de agua cristalina. María tomó unas monedas de su bolsillo y las arrojó al agua, cerrando los ojos para pedir un deseo. Después, siguieron explorando los rincones del parque.

Vieron mariposas revoloteando de flor en flor, libando el dulce néctar. El aroma de las flores de primavera inundaba el aire fresco. En la copa de un árbol frondoso, avistaron un nido de pájaros entre las ramas. La mamá le explicó a María en voz baja que debían caminar en silencio para no asustar a las aves. María asintió, maravillada con la belleza natural que las rodeaba.

***

María i jej mama wyszły z domu i poszły w kierunku pobliskiego parku. Był to słoneczny i gorący dzień. Park był pełen ludzi korzystających z dobrej pogody.

Zobaczyły małe dzieci bawiące się na huśtawkach i biegnące po zielonym i miękkim trawniku. Ptaki śpiewały radosne piosenki między gałęziami wysokich drzew. Kolorowe kwiaty ozdabiały ścieżki parku.

Mama wskazała wiewiórkę wspinającą się po chropowatym pniu dużego dębu. "Popatrz na tamtą wiewiórkę, Mario!", powiedziała z uśmiechem. María obserwowała z wielkimi oczami małe zwierzątko poruszające się zwinne.

Kontynuowały spacer i dotarli do fontanny z krystalicznie czystą wodą. María wzięła kilka monet z kieszeni i wrzuciła je do wody, zamykając oczy, aby złożyć życzenie. Następnie kontynuowały odkrywanie zakątków parku.

Zobaczyły motyle fruwające z kwiatu na kwiat, pijące słodki nektar. Aromat kwiatów wiosennych napełniał świeże powietrze. Na szczycie gęstego drzewa dostrzegli gniazdo ptaków między gałęziami. Mama tłumaczyła Marii cicho, żeby chodziły bezszelestnie, aby nie przestraszyć ptaków. María skinęła głową, zachwycona naturalnym pięknem, które ich otaczało.

Capítulo 3. Compras en el Supermercado / Zakupy w Supermarkecie

William necesitaba comprar algunas cosas para su nuevo apartamento. Fue al supermercado cerca de su casa.

Cuando entró, tomó un carrito de compras. Primero fue al pasillo de frutas y verduras. Vio muchas opciones frescas. Eligió algunas manzanas rojas, plátanos amarillos y zanahorias anaranjadas. Las puso en el carrito.

Luego pasó al área de carnes. Vio pollo, carne de res y salchichas. Decidió llevar un poco de pollo y algunas salchichas para hacer comidas sencillas. Las agregó al carrito.

Después fue al pasillo de productos lácteos. Tomó un cartón de leche, un paquete de queso y un yogur de fresa. Continuó caminando por el supermercado.

En el pasillo de panadería, vio panes recién horneados. Escogió un pan integral y algunos bollos dulces. Los puso con cuidado en el carrito.

Cuando terminó de comprar todo lo que necesitaba, se dirigió a las cajas registradoras. Había una fila larga pero avanzaba rápido. Cuando le tocó su turno, puso todos los artículos en la banda transportadora.

La cajera pasó cada producto por el escáner. William pagó con su tarjeta de débito. La cajera le entregó las bolsas con sus compras. William salió del supermercado contento de haber logrado hacer sus compras exitosamente.

***

William potrzebował kupić kilka rzeczy do swojego nowego mieszkania. Poszedł do pobliskiego supermarketu.

Kiedy wszedł, wziął wózek na zakupy. Najpierw poszedł do działu owoców i warzyw. Widział wiele świeżych opcji. Wybrał kilka czerwonych jabłek, żółtych bananów i pomarańczowych marchewek. Włożył je do wózka.

Następnie przeszedł do działu mięsa. Zobaczył kurczaka, wołowinę i kiełbaski. Zdecydował się wziąć trochę kurczaka i kilka kiełbasek, żeby zrobić proste posiłki. Dodał je do wózka.

Potem poszedł do działu nabiału. Wziął karton mleka, paczkę sera i jogurt truskawkowy. Kontynuował spacer po supermarkecie.

Na dziale pieczywa zobaczył świeżo wypieczone chleby. Wybrał chleb pełnoziarnisty i kilka słodkich bułek. Ostrożnie włożył je do wózka.

Kiedy skończył kupować wszystko, czego potrzebował, udał się do kas. Była długa kolejka, ale poruszała się szybko. Kiedy przyszła jego kolej, położył wszystkie produkty na taśmie.

Kasjerka zeskanowała każdy produkt. William zapłacił kartą debetową. Kasjerka wręczyła mu torby z zakupami. William wyszedł ze sklepu zadowolony, że udało mu się pomyślnie zrobić zakupy.

Capítulo 4. La Familia de Pablo / Rodzina Pabla

Pablo tiene una familia pequeña pero feliz. En su casa viven su papá Luis, su mamá Anita, su hermana Marta y su abuela Rosa.

Luis es alto y tiene el pelo corto y negro. Es un hombre trabajador y responsable. Además de cocinar, le gusta arreglar cosas alrededor de la casa. Siempre está dispuesto a ayudar a los demás. En su tiempo libre, disfruta viendo partidos de fútbol en la televisión.

Anita es amable y cariñosa, y siempre está lista para escuchar a sus hijos. Además de ser profesora, es una excelente cocinera y a menudo prepara deliciosas recetas para la familia. Le gusta cultivar plantas en el jardín y enseñar a sus hijos sobre la naturaleza.

Marta, la hermana menor de Pablo, es una niña muy enérgica y curiosa. Siempre está lista para explorar y descubrir cosas nuevas. Le encanta dibujar y hacer manualidades. Es muy creativa y sus padres siempre están sorprendidos por sus ideas innovadoras.

Rosa, la abuela de Pablo, es el corazón de la familia. Siempre tiene una sonrisa en el rostro y un consejo sabio para dar. Además de las galletas, le gusta tejer y hacer punto. Sus nietos adoran escuchar sus historias sobre tiempos pasados y aprender de su experiencia.

Juntos, forman un equipo fuerte y unido que enfrenta los desafíos y celebra las alegrías de la vida.

***

Pablo ma małą, ale szczęśliwą rodzinę. W ich domu mieszkają tata Luis, mama Anita, siostra Marta i babcia Rosa.

Luis jest wysoki i ma krótkie, czarne włosy. Jest pracowitym i odpowiedzialnym mężczyzną. Oprócz gotowania lubi naprawiać rzeczy wokół domu. Zawsze chętnie pomaga innym. W wolnym czasie lubi oglądać mecze piłki nożnej w telewizji.

Anita jest miła i serdeczna, zawsze gotowa wysłuchać swoich dzieci. Oprócz bycia nauczycielką, jest doskonałą kucharką i często przygotowuje pyszne potrawy dla rodziny. Lubuje się w uprawie roślin w ogrodzie i uczeniu swoich dzieci o naturze.

Marta, młodsza siostra Pabla, jest bardzo energicznym i ciekawskim dzieckiem. Zawsze gotowa jest odkrywać nowe rzeczy. Uwielbia rysować i wykonywać prace plastyczne. Jest bardzo kreatywna, a jej rodzice zawsze są zaskoczeni jej innowacyjnymi pomysłami.

Rosa, babcia Pabla, jest sercem rodziny. Zawsze ma uśmiech na twarzy i mądry poradnik do udzielenia. Oprócz pieczenia ciasteczek, lubi też robić na drutach i szydełkować. Jej wnuki uwielbiają słuchać jej opowieści o przeszłości i uczyć się z jej doświadczenia.

Razem tworzą silny i zjednoczony zespół, który stawia czoło wyzwaniom i celebruje radości życia.

Capítulo 5. El Cumpleaños de Jorge / Urodziny Jorge

Jorge está muy emocionado porque hoy es su cumpleaños. Va a cumplir siete años y quiere celebrarlo con sus amigos del colegio. Desde la semana pasada, le ha estado contando a todos sus compañeros que va a hacer una gran fiesta de cumpleaños en su casa.

La mamá de Jorge ha estado preparando todo para la celebración. Compró un gran pastel de chocolate con glaseado y velas, globos de colores y gorros de cumpleaños. Jorge ayudó a decorar la sala con serpentinas y carteles de "Feliz Cumpleaños".

Cuando llegaron los invitados, Jorge los recibió con una gran sonrisa. Todos le dieron regalos envueltos en papeles brillantes. Jugaron a las escondidas, compitieron en carreras de sacos y rompieron una piñata llena de dulces. El payaso hacía trucos graciosos y globos de animales para entretenerlos.

Después, todos cantaron "Cumpleaños Feliz" mientras Jorge soplaba las velas del pastel. Hizo un deseo antes de apagar las velitas. Luego, repartieron rebanadas de pastel a todos los niños. Cada uno de los invitados disfrutó de su rebanada de pastel con gran entusiasmo.

Al final, Jorge agradeció a todos por venir y por hacer que su día fuera tan especial. Estaba muy feliz de tener amigos tan increíbles.

***

Jorge jest bardzo podekscytowany, ponieważ dziś były jego urodziny. Kończy siedem lat i chce świętować je ze swoimi przyjaciółmi ze szkoły. Od zeszłego tygodnia mówił wszystkim swoim kolegom, że urządzi wielką imprezę urodzinową w swoim domu.

Mama Jorge przygotowywała wszystko na przyjęcie. Kupiła duży tort czekoladowy z lukrem i świeczkami, kolorowe balony oraz czapki urodzinowe. Jorge pomagał w dekorowaniu salonu serpentynami i plakatami "Wszystkiego najlepszego".

Kiedy goście przybyli, Jorge przywitał ich z wielkim uśmiechem. Wszyscy przynieśli prezenty zapakowane w błyszczący papier. Bawili się w chowanego, rywalizowali w biegach w workach i rozbijali piñatę pełną słodyczy. Klaun robił zabawne sztuczki i dmuchane zwierzątka z balonów, żeby ich zabawić.

Potem wszyscy śpiewali "Sto lat", gdy Jorge dmuchał świeczki na torcie. Złożył sobie życzenie przed zdmuchnięciem świeczek. Następnie podzielono kawałki tortu między wszystkie dzieci. Każdy z gości z wielkim entuzjazmem zajadał się swoim kawałkiem ciasta.

Na koniec Jorge podziękował wszystkim za przybycie i uczynienie jego dnia tak wyjątkowym. Był bardzo szczęśliwy, że ma tak niesamowitych przyjaciół.

Capítulo 6. Un Día de Playa / Dzień na Plaży

Carla se despertó temprano aquella mañana, emocionada por pasar un día en la playa con su familia. Después de desayunar, empacó una mochila con toallas, protector solar y algunos juguetes para la playa.

Cuando llegaron, el sol brillaba fuerte y la arena estaba muy caliente. Carla y su hermanito Hugo corrieron hacia el agua, riendo y salpicando. Sus padres extendieron las toallas de playa y colocaron una sombrilla grande para hacer sombra.

"¡Ven, Carla!" Gritó Hugo desde el agua. "¡Está muy rica!"

Carla se unió a su hermano y jugaron a perseguirse y enterrarse en la arena. Pablo construyó un pequeño castillo de arena y Carla lo decoró con conchas que encontró.

Después de un rato, la papá los llamó para comer. Sacó bocadillos, frutas y refrescos de una nevera portátil. Carla probó ricas aceitunas y jamón serrano por primera vez.

"¿Te gusta la comida, Carla?" Preguntó su papá sonriendo.

"¡Sí, me encanta!" Respondió Carla con entusiasmo.

Pasaron la tarde tomando el sol, leyendo cuentos y caminando por la playa. Carla recogió muchas conchas bonitas como recuerdos. Al atardecer, empacaron sus cosas y regresaron a casa, cansados pero felices después de un lindo día en la playa.

***

Carla wstała wcześnie rano tego dnia, podekscytowana dniem spędzonym na plaży z rodziną. Po śniadaniu spakowała plecak z ręcznikami, kremem do opalania i kilkoma zabawkami na plażę.

Kiedy dotarli na miejsce, słońce mocno świeciło, a piasek był bardzo gorący. Carla i jej braciszek Hugo pobiegli w stronę wody, śmiejąc się i chlapiąc. Ich rodzice rozłożyli ręczniki plażowe i postawili duży parasol, aby stworzyć cień.

"Chodź, Carla!" krzyknął Hugo z wody. "Jest świetnie!"

Carla dołączyła do swojego brata i bawili się w gonitwę i zakopywanie się w piasku. Hugo zbudował mały zamek z piasku, a Carla udekorowała go muszlami, które znalazła.

Po chwili tata zawołał ich na jedzenie. Wyciągnął kanapki, owoce i napoje z przenośnej lodówki. Carla pierwszy raz spróbowała pysznych oliwek i szynki serrano.

"Smakuje ci jedzenie, Carla?" zapytał ją uśmiechnięty tata.

"Tak, uwielbiam!" odpowiedziała Carla z entuzjazmem.

Spędzili popołudnie opalając się, czytając książki i spacerując po plaży. Carla zebrała wiele pięknych muszli na pamiątkę. O zachodzie słońca spakowali swoje rzeczy i wrócili do domu, zmęczeni, ale szczęśliwi po pięknym dniu na plaży.

Capítulo 7. En la Estación de Tren / Na Stacji Kolejowej

Sofía y su familia van a viajar en tren para visitar a sus abuelos. Sofía se despierta temprano y se viste con ropa cómoda, pantalones y una camiseta ligera.

Cuando llegan a la estación de tren, hay mucha gente caminando de un lado a otro con maletas y equipaje. Sofía mira a su alrededor con emoción, observando los grandes relojes que muestran la hora de llegada y salida de los trenes.

Su papá, Carlos, se acerca al mostrador para comprar los boletos. Una amable señora con uniforme azul les sonríe y les ayuda a elegir los asientos adecuados.

Después de comprar los boletos, la familia camina hacia el andén donde esperarán su tren. Sofía y su hermano menor, Julio, se entretienen contando los vagones del tren que está estacionado en la vía. "¡Uno, dos, tres, cuatro..." cuentan en voz alta, riendo cuando pierden la cuenta.

Su mamá, Elena, les compra unas golosinas en el puesto de la estación. Sofía elige unas galletas con chispas de chocolate, mientras que Julio prefiere unas gomitas azucaradas. Comen sus golosinas mientras esperan, saboreando los dulces bocados.

De repente, escuchan un pitido fuerte y el tren comienza a moverse lentamente hacia el andén. "¡Ahí viene!" grita Sofía, saltando de emoción. La familia se pone de pie, lista para abordar y comenzar su emocionante viaje en tren.

***

Sofía i jej rodzina zamierzają podróżować pociągiem, aby odwiedzić swoich dziadków. Sofía wstaje wcześnie i ubiera się wygodnie, w spodnie i lekką koszulkę.

Kiedy docierają na dworzec kolejowy, jest tam wiele osób przechadzających się tam i z powrotem z walizkami i bagażem. Sofía z ekscytacją rozgląda się dookoła, obserwując duże zegary, które pokazują godziny przyjazdu i odjazdu pociągów.

Jej tata, Carlos, podchodzi do okienka, aby kupić bilety. Przyjazna pani w niebieskim mundurze uśmiecha się do nich i pomaga im wybrać odpowiednie miejsca.

Po zakupie biletów rodzina kieruje się na peron, gdzie będą czekać na swój pociąg. Sofía i jej młodszy brat, Julio, zabawiają się liczeniem wagonów pociągu, który stoi na torze. "Jeden, dwa, trzy, cztery..." liczą głośno, śmiejąc się, gdy tracą rachubę.

Ich mama, Elena, kupuje im przekąski w stoisku na dworcu. Sofía wybiera ciasteczka z kawałkami czekolady, podczas gdy Julio woli cukierki żelki. Jedzą swoje przekąski, delektując się słodkimi kęsami.

Nagle słyszą głośny gwizd i pociąg zaczyna się powoli poruszać w kierunku peronu. "Już idzie!" krzyczy Sofía, skacząc z radości. Rodzina wstaje, gotowa do wejścia na pokład i rozpoczęcia ekscytującej podróży pociągiem.

Capítulo 8. Mi Mascota / Mój Zwierzak

Mi mascota se llama Pepito. Es un perrito muy pequeño y muy bonito. Tiene el pelo corto de color marrón oscuro y unos ojos grandes y negros que brillan mucho.

A Pepito le encanta jugar y correr. Cuando vuelvo a casa después del colegio, él siempre me recibe moviendo la colita muy contento. Le gusta perseguir una pelota roja por todo el parque y la trae de vuelta para que se la lance otra vez.

El juguete favorito de Pepito es un hueso de plástico rojo. Lo coge con la boca y lo lleva de un lado a otro de la casa. Es muy divertido verlo correr con el hueso y sacudirlo para que haga ruido. A veces, incluso lo esconde debajo de los muebles.

Después de jugar tanto, a Pepito le gusta descansar. Se acurruca en su camita y se queda dormido enseguida. A veces ronca un poquito y mueve las patitas como si estuviera soñando con perseguir algo.

Me gusta mucho pasar tiempo con Pepito. Es mi mejor amigo y siempre está conmigo dándome cariño. No me imagino la vida sin mi pequeño compañero de cuatro patas.

***

Moje zwierzątko nazywa się Pepito. Jest bardzo małym i uroczym pieskiem. Ma krótką, ciemnobrązową sierść i duże, czarne oczy, które bardzo mocno błyszczą.

Pepito uwielbia bawić się i biegać. Kiedy wracam do domu po szkole, zawsze wita mnie, machając ogonkiem z radości. Bardzo lubi gonić czerwoną piłeczkę po parku i przynosić ją z powrotem, żeby ją jeszcze raz rzucić.

Ulubioną zabawką Pepito jest czerwona plastikowa kość. Chwyta ją w pyszczek i nosi po całym domu. Bardzo zabawne jest oglądanie go, jak biegnie z kością i potrząsa nią, żeby zrobić hałas. Czasami nawet ukrywa ją pod meblami.

Po takiej zabawie Pepito lubi odpocząć. Zatacza się na swoje legowisko i natychmiast zasypia. Czasami trochę chrapie i porusza nóżkami, jakby marzył, że goni za czymś.

Lubię spędzać czas z Pepito. Jest moim najlepszym przyjacielem i zawsze jest ze mną, okazując mi miłość. Nie wyobrażam sobie życia bez mojego małego, czworożnego towarzysza.

Capítulo 9. Un Día Lluvioso / Deszczowy Dzień

Hoy es un día lluvioso. Afuera, las gotas caen del cielo y el suelo está mojado. No podemos salir a jugar afuera, pero eso no significa que no podamos divertirnos dentro de casa.

Mamá, queriendo que no nos aburriéramos, sacó de los estantes varios libros y juegos de mesa y los puso en la mesa de la sala. Nos dijo que podíamos elegir algo que nos gustara y pasar el tiempo leyendo o jugando, escuchando el sonido de la lluvia en el techo.

Yo elijo un libro de cuentos de hadas y me siento en el sofá con una manta. Abro el libro y me sumerjo en las historias mágicas de princesas y dragones.

Mi hermana, Claudia, prefiere jugar a juegos de mesa. Sacamos el ajedrez y nos sentamos frente al tablero. Ella mueve sus piezas con cuidado, pensando en cada movimiento. A veces me gana, pero me divierto mucho jugando con ella.

Mientras tanto, mamá está en la cocina preparando algo delicioso para el almuerzo. El olor a sopa caliente se extiende por toda la casa y nos hace sentirnos contentos.

Así pasamos nuestro día lluvioso, entre libros, juegos y comidas reconfortantes. Aunque no podemos salir afuera, estamos felices de estar juntos y disfrutar del tiempo en familia.

***

Dziś jest deszczowy dzień. Na zewnątrz krople spadają z nieba, a ziemia jest mokra. Nie możemy wyjść się bawić na zewnątrz, ale to nie znaczy, że nie możemy się bawić w domu.

Mama, chcąc żebyśmy się nie nudzili, wyjęła z półek różne książki i gry planszowe i położyła je na stole w salonie. Powiedziała nam, że możemy wybrać coś, co nam się podoba, i spędzić czas, czytając lub grając, słuchając dźwięku deszczu na dachu.

Ja wybieram książkę z baśniami i siadam na sofie z kocem. Otwieram książkę i zanurzam się w magicznych historiach o księżniczkach i smokach.

Moja siostra, Claudia, woli grać w gry planszowe. Wyjmujemy szachy i siadamy przed planszą. Ona przemieszcza swoje figury ostrożnie, przemyślanie każdego ruchu. Czasami wygrywa, ale bardzo się cieszę, że mogę się z nią bawić.

Tymczasem mama jest w kuchni, przygotowując coś pysznego na obiad. Zapach gorącej zupy roznosi się po całym domu i sprawia, że czujemy się zadowoleni.

Tak spędzamy nasz deszczowy dzień, między książkami, grami i przyjemnymi posiłkami. Chociaż nie możemy wyjść na zewnątrz, cieszymy się, że jesteśmy razem i możemy spędzić czas w rodzinie.

Capítulo 10. La Cena en Casa / Obiad w Domu

Una tarde, la mamá de Juan se preparaba para hacer la cena y Juan decidió ayudarla. Estaba muy emocionado porque le gusta mucho estar en la cocina.

Su mamá decidió que iban a hacer una ensalada grande, pollo al horno y arroz con verduras. Primero fueron al supermercado a comprar los ingredientes. Compraron lechuga, tomates, zanahorias y pepinos para la ensalada. También compraron un pollo fresco y algunas verduras para el arroz.

Cuando llegaron a casa, empezaron a preparar la cena. Juan lavó las verduras y las cortó con cuidado. Su papá sazonó el pollo con sal, pimienta y un poco de limón. Luego, puso el pollo en el horno.

Mama cocinó el arroz en una olla grande y añadió las verduras picadas. Toda la casa olía delicioso mientras la comida se cocinaba.

Después de una hora, la cena estaba lista. La familia puso la mesa con platos, vasos y cubiertos. Juan ayudó a servir la ensalada y el arroz. Papá sacó el pollo del horno y lo cortó en porciones.

Toda la familia se sentó a la mesa y empezó a comer. "¡Qué rico está todo!" dijo Juan con una sonrisa. Todos estuvieron de acuerdo y disfrutaron de la comida juntos.

***

Pewnego popołudnia mama Juana szykowała się do przygotowania kolacji, a Juan postanowił jej pomóc. Był bardzo podekscytowany, ponieważ bardzo lubi być w kuchni.

Jego mama zdecydowała, że zrobią dużą sałatkę, pieczonego kurczaka i ryż z warzywami. Najpierw poszli do supermarketu, aby kupić składniki. Kupili sałatę, pomidory, marchewki i ogórki do sałatki. Kupili też świeżego kurczaka i kilka warzyw do ryżu.

Kiedy wrócili do domu, zaczęli przygotowywać kolację. Juan umył warzywa i ostrożnie je pokroił. Jego tata przyprawił kurczaka solą, pieprzem i odrobiną cytryny. Następnie włożył kurczaka do piekarnika.

Mama ugotowała ryż w dużym garnku i dodała pokrojone warzywa. Cały dom pachniał pysznie, gdy jedzenie się gotowało.

Po godzinie kolacja była gotowa. Rodzina nakryła do stołu talerzami, szklankami i sztućcami. Juan pomógł podać sałatkę i ryż. Tata wyjął kurczaka z piekarnika i pokroił go na porcje.

Cała rodzina usiadła przy stole i zaczęła jeść. "Jakie to wszystko pyszne!" powiedział Juan z uśmiechem. Wszyscy się zgodzili i wspólnie cieszyli się jedzeniem.

Capítulo 11. Visita al Zoo / Wizyta w Zoo

Un caluroso domingo por la mañana, Guillermo y su amigo Carlos decidieron visitar el zoológico de Madrid. Guillermo estaba muy emocionado porque nunca antes había ido a un zoo.

Cuando llegaron, compraron las entradas y entraron rápidamente. Lo primero que vieron fueron los leones, descansando bajo el sol.

"¡Mira qué grandes son esos leones!" exclamó Guillermo, con los ojos muy abiertos.

Luego, caminaron hacia el área de los elefantes. Los enormes paquidermos grises se bañaban en un estanque de agua.

"¡Parecen casas andantes!" rio Carlos, observando sus movimientos lentos y pesados.

Después, visitaron el hábitat de los monos. Los traviesos animales saltaban de rama en rama, haciendo ruidos divertidos.

"Parecen niños jugando en un parque," comentó Guillermo.

Más tarde, fueron al aviario, donde vieron aves de vistosos colores volando libremente. Guillermo observó fascinado a los loros con plumas brillantes. Carlos señaló que parecían pequeños arcoíris voladores.

A la hora del almuerzo, comieron bocadillos que habían preparado, sentados en un área de picnic. Hablaron emocionados de todos los fascinantes animales que habían visto hasta el momento.

***

W gorącą niedzielę rano, Guillermo i jego przyjaciel Carlos postanowili odwiedzić zoo w Madrycie. Guillermo był bardzo podekscytowany, ponieważ nigdy wcześniej nie był w zoo.

Kiedy dotarli, kupili bilety i szybko weszli. Pierwsze, co zobaczyli, to lwy, odpoczywające pod słońcem.

"Patrz, jakie są duże te lwy!" wykrzyknął Guillermo, z szeroko otwartymi oczami.

Następnie udali się w kierunku słoni. Ogromne, szare ssaki kąpały się w stawie wodnym.

"Wyglądają jak chodzące domy!" śmiał się Carlos, obserwując ich wolne i ciężkie ruchy.

Potem odwiedzili siedlisko małp. Psotne zwierzęta skakały z gałęzi na gałąź, wydając zabawne dźwięki.

"Wyglądają jak dzieci bawiące się w parku," skomentował Guillermo.

Później udali się do woliery, gdzie widzieli ptaki w jaskrawych kolorach latające swobodnie. Guillermo z zainteresowaniem obserwował papugi o lśniących piórach. Carlos zauważył, że wyglądają jak małe, latające tęcze.

Na czas obiadu zjedli kanapki, które przygotowali, siedząc w obszarze piknikowym. Rozmawiali podekscytowani o wszystkich fascynujących zwierzętach, które dotychczas widzieli.

Capítulo 12. Un Día en la Montaña / Dzień w Górach

En un hermoso día, Ramón y su familia decidieron ir de excursión a las montañas. Estaban emocionados por explorar la naturaleza y disfrutar del aire fresco.

"¡Vamos, vamos! No quiero perderme nada", dijo Ramón mientras preparaba su mochila.

Salieron temprano, llevando comida y agua en sus mochilas. Ramón no olvidó su cámara para capturar los paisajes durante el viaje.

Mientras caminaban por el sendero, Ramón recogió algunas flores silvestres y admiró los cantos de los pájaros.

Después de un rato, encontraron el lugar perfecto para hacer un picnic. Se sentaron juntos y disfrutaron de la vista de las majestuosas montañas mientras compartían sus alimentos.

Tras el picnic, continuaron su camino, maravillándose con la belleza de la naturaleza que los rodeaba.

Finalmente, llegaron a la cima de una montaña y se detuvieron a descansar. Javier sacó su cámara y capturó la impresionante vista.

"¡Papá, mamá, mira qué vistas tan increíbles!" exclamó Ramón emocionado.

"Sí, hijo, son realmente hermosas", respondió su padre con una sonrisa.

Se quedaron un rato más disfrutando del paisaje antes de comenzar su descenso, sintiéndose agradecidos por el maravilloso día en familia.

***

W piękny dzień Ramón i jego rodzina zdecydowali się wybrać na wycieczkę w góry. Byli podekscytowani możliwością odkrywania natury i cieszenia się świeżym powietrzem.

"Chodźmy, chodźmy! Nie chcę niczego przegapić", powiedział Ramón, pakując swój plecak.

Wyszli wcześnie, zabierając jedzenie i wodę w plecakach. Ramón nie zapomniał o aparacie, żeby uchwycić krajobrazy podczas podróży.

Podczas wędrówki po ścieżce, Ramón zerwał kilka dzikich kwiatów i podziwiał śpiew ptaków.

Po pewnym czasie znaleźli idealne miejsce na piknik. Usiedli razem i cieszyli się widokiem majestatycznych gór, dzieląc się jedzeniem.

Po pikniku kontynuowali swoją drogę, podziwiając piękno otaczającej ich przyrody.

Wreszcie dotarli na szczyt góry i zatrzymali się, by odpocząć. Ramón wyciągnął aparat i uwiecznił imponujący widok.

"Tato, mamo, popatrzcie, jakie niesamowite widoki!" zawołał z ekscytacją Ramón.

"Tak, synu, są naprawdę piękne", odpowiedział ojciec z uśmiechem.

Zostali jeszcze chwilę, podziwiając krajobraz, zanim zaczęli schodzić w dół, wdzięczni za wspaniały dzień spędzony z rodziną.

Capítulo 13. Mi Mejor Amigo / Mój Najlepszy Przyjaciel

Mi mejor amigo se llama Manuel. Nos conocimos en la escuela y desde entonces somos inseparables. Manuel es alto, tiene el pelo castaño y siempre lleva una sonrisa en el rostro.

A Manuel le encanta jugar al fútbol, y yo también, así que pasamos muchas tardes practicando en el parque cerca de nuestra casa. Nos divertimos mucho corriendo detrás de la pelota y marcando goles.

Cuando no estamos jugando al fútbol, nos gusta explorar el vecindario en busca de aventuras. A menudo vamos en bicicleta por los senderos del bosque cercano o simplemente caminamos por las calles de la ciudad, descubriendo nuevos lugares juntos.

Además de nuestras aventuras, a Manuel y a mí nos encanta construir cosas con bloques de construcción. Pasamos horas creando castillos, ciudades y naves espaciales, dejando volar nuestra imaginación.

Lo que más valoro de Manuel es que siempre está ahí para mí, en los buenos y en los malos momentos. Siempre podemos contar el uno con el otro, y eso es lo que hace que nuestra amistad sea tan especial.

***

Mój najlepszy przyjaciel nazywa się Manuel. Poznaliśmy się w szkole i od tamtej pory jesteśmy nierozłączni. Manuel jest wysoki, ma kasztanowe włosy i zawsze ma uśmiech na twarzy.

Manuel uwielbia grać w piłkę nożną, tak samo jak ja, więc spędzamy wiele popołudni na treningach w parku niedaleko naszego domu. Bardzo dobrze się bawimy, biegając za piłką i strzelając gole.

Kiedy nie gramy w piłkę nożną, lubimy odkrywać okolicę w poszukiwaniu przygód. Często jeździmy na rowerze po ścieżkach pobliskiego lasu lub po prostu spacerujemy ulicami miasta, odkrywając razem nowe miejsca.

Oprócz naszych przygód, Manuel i ja uwielbiamy budować rzeczy z klocków. Spędzamy godziny, tworząc zamki, miasta i statki kosmiczne, pozwalając naszej wyobraźni rozwijać się.

To, co najbardziej cenię w Manuelu, to to, że zawsze jest przy mnie, zarówno w dobrych, jak i złych chwilach. Zawsze możemy na siebie liczyć, i to właśnie sprawia, że nasza przyjaźń jest taka wyjątkowa.

Capítulo 14. La Fiesta en el Barrio / Impreza w Sąsiedztwie

Anoche se llevó a cabo una fiesta muy divertida. Todos los vecinos se reunieron para celebrar juntos. Había mucha música, comida deliciosa y bailes.

La fiesta comenzó al atardecer, cuando la gente comenzó a llegar al parque. Todos estábamos emocionados por pasar un buen rato juntos.

Los niños jugaban y reían, mientras los adultos charlaban y compartían historias. Pronto, la comida estuvo lista y todos formaron una fila para servirse.

"¿Te gustan las empanadas, Nicolás? Son mi especialidad", dijo Paula, ofreciéndole una a su vecino.

"¡Claro que sí! ¡Gracias, Paula! Huele delicioso", respondió Nicolás, tomando una empanada y saboreándola.

Después de comer, la música se puso más fuerte y todos comenzaron a bailar. Se formaron círculos de baile y la gente se movía al ritmo de la música.

"¡Vamos, Paula! ¡Baila conmigo!", exclamó Nicolás, extendiendo la mano hacia su vecina.

"¡Claro, Nicolás! ¡Me encantaría!", respondió Paula, tomándole la mano y uniéndose al baile.

La fiesta duró hasta altas horas de la noche, y todos nos divertimos mucho. Fue una gran oportunidad para unirnos como comunidad y celebrar la amistad entre vecinos.

***

Wczoraj wieczorem odbyła się bardzo udana impreza. Wszyscy sąsiedzi spotkali się, aby świętować razem. Było dużo muzyki, pysznego jedzenia i tańców.

Impreza rozpoczęła się o zmierzchu, gdy ludzie zaczęli gromadzić się w parku. Wszyscy byli podekscytowani, że będą miło spędzać czas razem.

Dzieci bawiły się i śmiały, a dorośli rozmawiali i dzielili się historiami. Wkrótce jedzenie było gotowe, więc wszyscy ustawili się w kolejce, aby się posilić.

"Lubisz empanadas, Nicolás? To moje specjalność", powiedziała Paula, oferując swojemu sąsiadowi jedną.

"Oczywiście! Dziękuję, Paula! Pachnie wyśmienicie", odpowiedział Nicolás, biorąc empanadę i delektując się nią.

Po posiłku muzyka stała się głośniejsza, a wszyscy zaczęli tańczyć. Powstały kręgi taneczne, a ludzie poruszali się w rytm muzyki.

"Chodź, Paula! Zatańcz ze mną!", zawołał Nicolás, wyciągając rękę w stronę swojej sąsiadki.

"Oczywiście, Nicolás! Z przyjemnością!", odpowiedziała Paula, biorąc go za rękę i dołączając do tańca.

Impreza trwała do późnych godzin nocnych, a wszyscy świetnie się bawiliśmy. Była to wspaniała okazja, aby zjednoczyć się jako społeczność i świętować przyjaźń między sąsiadami.

37

Capítulo 15. La Visita al Médico / Wizyta u Lekarza

La semana pasada, Tomás tuvo que ir al médico porque no se sentía bien. Tenía dolor de cabeza, fiebre y tos. Su papá llamó al consultorio del doctor y consiguió una cita para el mismo día.

Cuando llegaron al consultorio, la recepcionista les pidió que esperaran en la sala de espera. Después de unos minutos, el doctor López los llamó. Tomás y su papá entraron en el consultorio y se sentaron.

El doctor López le preguntó a Tomás cuáles eran sus síntomas. "Tengo dolor de cabeza, fiebre y mucha tos", explicó Tomás.

El doctor asintió y luego le tomó la temperatura a Tomás. "Tienes fiebre, pero no es muy alta", dijo el doctor. Después, escuchó su pecho con el estetoscopio. "Tus pulmones suenan bien, pero parece que tienes un resfriado fuerte."

El doctor López le recetó a Tomás un jarabe para la tos y le dijo que descansara mucho y bebiera mucha agua. También le aconsejó que se quedara en casa unos días para recuperarse completamente.

Antes de irse, el doctor le dio a Tomás una piruleta por ser un buen paciente. Tomás sonrió y le dio las gracias.

En casa, Tomás siguió las indicaciones del doctor. Descansó, tomó su jarabe y pronto empezó a sentirse mejor. Estaba agradecido de haber visitado al médico y recibir el tratamiento adecuado.

***

W zeszłym tygodniu Tomás musiał iść do lekarza, ponieważ nie czuł się dobrze. Miał ból głowy, gorączkę i kaszel. Jego tata zadzwonił do przychodni i udało mu się umówić wizytę na ten sam dzień.

Kiedy dotarli do przychodni, recepcjonistka poprosiła ich, aby poczekali w poczekalni. Po kilku minutach, doktor López ich zawołał. Tomás i jego tata weszli do gabinetu i usiedli.

Doktor López zapytał Tomása, jakie ma objawy. "Mam ból głowy, gorączkę i silny kaszel," wyjaśnił Tomás.

Doktor przytaknął i zmierzył Tomásowi temperaturę. "Masz gorączkę, ale nie jest bardzo wysoka," powiedział doktor. Następnie osłuchał jego klatkę piersiową stetoskopem. "Twoje płuca brzmią dobrze, ale wygląda na to, że masz silne przeziębienie."

Doktor López przepisał Tomásowi syrop na kaszel i powiedział, żeby dużo odpoczywał i pił dużo wody. Poradził mu także, aby został w domu przez kilka dni, aby całkowicie wyzdrowieć.

Przed wyjściem, doktor dał Tomásowi lizaka za to, że był dobrym pacjentem. Tomás uśmiechnął się i podziękował.

W domu, Tomás przestrzegał zaleceń doktora. Odpoczywał, brał syrop i wkrótce zaczął czuć się lepiej. Był wdzięczny, że odwiedził lekarza i otrzymał odpowiednie leczenie.

41

Capítulo 16. Mi Habitación / Mój Pokój

Mi habitación es mi lugar favorito en la casa. Es pequeña, pero muy acogedora. Las paredes son de color azul claro, y hay un gran ventanal que deja entrar mucha luz natural.

En el centro de la habitación, tengo una cama cómoda con una colcha de colores vivos. Al lado de la cama, hay una mesita de noche donde siempre dejo un libro y una lámpara de lectura.

Mi escritorio está junto a la ventana. Es donde hago mis deberes y dibujo. Encima del escritorio, tengo algunos estantes llenos de libros, cuadernos y mis lápices de colores.

Frente a la cama, hay un armario grande donde guardo mi ropa y zapatos. También tengo un pequeño estante donde coloco mis juguetes y figuras favoritas.

En una esquina de la habitación, tengo una silla cómoda donde me siento a leer o escuchar música. Además, hay un tablón de corcho en la pared donde pongo fotos y notas importantes.

Lo que más me gusta de mi habitación es la sensación de tranquilidad que me da. Es mi refugio, donde puedo leer, estudiar y soñar. Me encanta pasar tiempo allí, ya que es un lugar donde siempre me siento feliz y relajado.

***

Mój pokój jest moim ulubionym miejscem w domu. Jest mały, ale bardzo przytulny. Ściany są w jasnoniebieskim kolorze, a duże okno wpuszcza dużo naturalnego światła.

W centrum pokoju mam wygodne łóżko z kolorową narzutą. Obok łóżka stoi stolik nocny, na którym zawsze trzymam książkę i lampkę do czytania.

Moje biurko znajduje się obok okna. Tam odrabiam lekcje i rysuję. Na biurku mam kilka półek pełnych książek, zeszytów i moich kolorowych ołówków.

Naprzeciwko łóżka stoi duża szafa, w której trzymam ubrania i buty. Mam też małą półkę, na której układam swoje ulubione zabawki i figurki.

W rogu pokoju mam wygodne krzesło, na którym siadam, żeby czytać lub słuchać muzyki. Na ścianie wisi korkowa tablica, na której przypinam zdjęcia i ważne notatki.

To, co najbardziej lubię w moim pokoju, to poczucie spokoju, które mi daje. Jest to moje schronienie, gdzie mogę czytać, uczyć się i marzyć. Uwielbiam spędzać tam czas, ponieważ zawsze czuję się tam szczęśliwy i zrelaksowany.

Capítulo 17. El Partido de Fútbol / Mecz Piłki Nożnej

El sábado por la tarde, Roberto y sus amigos se juntaron en el parque para jugar fútbol.

Roberto llegó primero y marcó el campo con piedras y mochilas. Después, sus amigos Andrés, Miguel, Victor y Álvaro llegaron. Estaban muy contentos y llenos de energía.

"¡Formemos los equipos!" dijo Roberto emocionado.

Con los equipos listos, comenzaron a jugar.

Desde el principio, el partido fue muy intenso. Roberto corría rápido con la pelota, esquivando a los jugadores del otro equipo. Cuando estaba cerca de la portería, Andrés le pasó la pelota y Roberto la pateó con fuerza. ¡Gol! El equipo de Andrés celebró con alegría.

"¡Bien hecho, Roberto!" gritó Andrés, dándole una palmada en la espalda.

Miguel y Victor también jugaron muy bien y empataron el partido. Todos disfrutaron mucho del juego.

El tiempo pasó volando y pronto el sol se estaba poniendo. Decidieron que el próximo gol decidiría quién ganaba. Ambos equipos jugaron con más energía y concentración.

Finalmente, Roberto logró robar la pelota, corrió hacia la portería contraria y, con un buen tiro, marcó el gol ganador. Su equipo lo levantó en el aire, celebrando su gran jugada.

"¡Ganamos!" gritó Álvaro con una sonrisa enorme.

Después del partido, todos se sentaron en el césped, cansados pero felices. Compartieron bebidas y bocadillos, riendo y recordando los mejores momentos del juego.

***

W sobotę po południu Roberto i jego przyjaciele spotkali się w parku, aby zagrać w piłkę nożną.

Roberto przybył pierwszy i oznaczył boisko kamieniami i plecakami. Następnie przybyli jego przyjaciele: Andrés, Miguel, Victor i Álvaro. Byli bardzo zadowoleni i pełni energii.

"Zorganizujmy drużyny!" powiedział Roberto podekscytowany.

Po ustaleniu składów, zaczęli grać.

Od samego początku mecz był bardzo intensywny. Roberto biegł szybko z piłką, unikając zawodników przeciwnej drużyny. Gdy zbliżył się do bramki, Andrés podał mu piłkę, a Roberto mocno uderzył. Gol! Drużyna Andreasa świętowała z radością.

"Świetna robota, Roberto!" krzyknął Andrés, poklepując go po plecach.

Miguel i Victor również świetnie grali, a mecz zakończył się remisem. Wszyscy świetnie się bawili.

Czas szybko mijał, a słońce zaczynało zachodzić. Postanowili, że kolejna bramka zadecyduje o zwycięstwie. Obie drużyny grały z większą energią i skupieniem.

W końcu Roberto udało się odebrać piłkę, pobiegł w stronę przeciwnej bramki i, po mocnym strzale, zdobył zwycięskiego gola. Jego drużyna podniosła go w górę, świętując jego wspaniały gol.

"Wygraliśmy!" krzyknął Álvaro z ogromnym uśmiechem.

Po meczu wszyscy usiedli na trawie, zmęczeni, ale szczęśliwi. Podzielili się napojami i przekąskami, śmiejąc się i wspominając najlepsze momenty gry.

Capítulo 18. Un Viaje en Avión / Podróż Samolotem

Era la primera vez que Isabel viajaba en avión. Estaba emocionada pero también un poco nerviosa. En el aeropuerto de Londres, había un gran bullicio de gente yendo y viniendo. Isabel y su madre hicieron fila para facturar el equipaje.

"Qué emoción, ¿verdad, cariño?" dijo Sara mientras esperaban su turno. "Pronto estarás en Madrid."

Cuando les tocó, una amable azafata de uniforme blanco revisó sus boletos y documentos. Luego se dirigieron a la puerta de embarque donde aguardaba el avión con destino a Madrid. Isabel se sentó junto a la ventanilla y ajustó el cinturón de seguridad. Miraba por la pequeña obertura con gran expectación.

Tras unos minutos de espera, el avión comenzó a moverse por la pista de aterrizaje. El corazón de Isabel latía con fuerza. De repente, la máquina tomó velocidad y, casi sin darse cuenta, ya estaban en el aire.

"¡Mira qué vistas más increíbles!" exclamó Isabel pegada al vidrio.

Bajo ellos, las casas y calles parecían pequeñas como juguetes de construcción. Las nubes eran esponjosas y blancas. Isabel se sentía como un pájaro surcando el cielo. Después de algunas horas de vuelo, el avión descendió y aterrizó suavemente en el aeropuerto de la capital española. Isabel y su madre estaban emocionadas por comenzar su aventura en Madrid.

***

To była pierwsza podróż samolotem Isabel. Była podekscytowana, ale też trochę zdenerwowana. Na lotnisku w Londynie przewijał się tłum ludzi. Isabel i jej mama ustawiły się w kolejce, żeby nadać bagaż.

"Jakie to ekscytujące, prawda, kochanie?" powiedziała Sara, czekając na swoją kolej. "Wkrótce będziesz w Madrycie."

Gdy przyszła ich kolej, uprzejma stewardessa w białym mundurze sprawdziła ich bilety i dokumenty. Następnie udały się do bramki, gdzie czekał samolot lecący do Madrytu. Isabel usiadła przy oknie i zapięła pasy bezpieczeństwa. Spojrzała przez małe okienko z wielkim podekscytowaniem.

Po kilku minutach oczekiwania samolot zaczął się poruszać po pasie startowym. Serce Isabel biło mocno. Nagle maszyna nabierała prędkości i niemal nie zauważyły, jak już były w powietrzu.

"Patrz, jakie niesamowite widoki!" wykrzyknęła Isabel przyklejona do szyby.

Pod nimi domy i ulice wyglądały jak małe zabawki. Chmury były puszyste i białe. Isabel czuła się jak ptak przemierzający niebo. Po kilku godzinach lotu samolot zaczął opadać i wylądował delikatnie na lotnisku stolicy Hiszpanii. Isabel i jej matka były podekscytowane rozpoczęciem swojej przygody w Madrycie.

Capítulo 19. Mi Clase de Español / Moja Lekcja Hiszpańskiego

Mi clase de español es muy divertida. Nuestra profesora es señora Flores. Ella es muy amable y siempre nos ayuda cuando tenemos dudas.

En mi clase, hay diez estudiantes. Mis amigos son Marcelina, Olga, Lucas y Violeta. Marcelina es muy buena en gramática. Olga siempre participa en clase y le gusta hablar en español. Lucas es un poco tímido, pero le encanta aprender vocabulario nuevo. Violeta es muy buena en pronunciación.

Las clases son los martes y jueves. Siempre empezamos con un juego en español. Después, señora Flores nos enseña nuevas palabras y frases. A veces, vemos videos en español y practicamos con diálogos. También leemos pequeños cuentos y hacemos ejercicios en el libro.

Me gusta mucho mi clase de español porque aprendo y me divierto al mismo tiempo. Mis compañeros de clasc son muy amigables y siempre trabajamos juntos. Al final de la clase, siempre hacemos una pequeña conversación en español para practicar lo que hemos aprendido.

Estoy muy contento de estar en esta clase y mejorar mi español cada día. Estoy seguro de que pronto hablaré español con fluidez.

***

Moja lekcja hiszpańskiego jest bardzo zabawna. Nasza nauczycielka to pani Flores. Ona jest bardzo miła i zawsze nam pomaga, kiedy mamy wątpliwości.

W mojej klasie jest dziesięciu uczniów. Moimi przyjaciółmi są Marcelina, Olga, Lucas i Violeta. Marcelina jest bardzo dobra w gramatyce. Olga zawsze bierze udział w lekcji i lubi mówić po hiszpańsku. Lucas jest trochę nieśmiały, ale uwielbia uczyć się nowych słówek. Violeta jest bardzo dobra w wymowie.

Lekcje są we wtorki i czwartki. Zawsze zaczynamy od gry po hiszpańsku. Potem pani Flores uczy nas nowych słów i zwrotów. Czasami oglądamy filmy po hiszpańsku i ćwiczymy dialogi. Również czytamy krótkie opowiadania i robimy ćwiczenia w książce.

Bardzo lubię moją lekcję hiszpańskiego, ponieważ uczę się i bawię jednocześnie. Moi koledzy z klasy są bardzo przyjaźni i zawsze pracujemy razem. Na końcu lekcji zawsze prowadzimy krótką rozmowę po hiszpańsku, aby przećwiczyć to, czego się nauczyliśmy.

Jestem bardzo zadowolony, że jestem w tej klasie i codziennie poprawiam mój hiszpański. Jestem pewien, że wkrótce będę biegle mówić po hiszpańsku.

Capítulo 20. La Biblioteca / Biblioteka

El sábado por la mañana, Andres fue a la biblioteca. Le gusta mucho leer y siempre está buscando nuevos libros.

Al entrar, Andres saludó a la bibliotecaria, la señora Lucía. Ella siempre es muy amable y le ayuda a encontrar buenos libros. Andres caminó entre las estanterías, mirando todos los títulos.

Primero, fue a la sección de aventuras. Encontró un libro sobre piratas que le llamó la atención. Luego, fue a la sección de ciencia ficción y vio un libro sobre viajes espaciales. Andres también quería un libro de animales, así que fue a la sección de naturaleza.

Después de elegir tres libros, Andres fue a una mesa y se sentó. Abrió el libro de piratas y empezó a leer. La historia era muy emocionante y Andres no podía dejar de leer. Pasó una hora y Andres decidió llevarse los tres libros a casa.

Andres fue al mostrador y la señora Lucía le ayudó a registrar los libros. "Disfruta de tu lectura, Andres", dijo ella con una sonrisa.

Andres salió de la biblioteca muy contento. No podía esperar para llegar a casa y seguir leyendo sus nuevos libros. Para él, la biblioteca es un lugar mágico donde siempre encuentra aventuras y conocimientos.

***

W sobotę rano Andres poszedł do biblioteki. Bardzo lubi czytać i zawsze szuka nowych książek.

Po wejściu, Andres przywitał się z bibliotekarką, panią Lucía. Ona zawsze jest bardzo miła i pomaga mu znaleźć dobre książki. Andres chodził między regałami, patrząc na wszystkie tytuły.

Najpierw poszedł do sekcji przygodowej. Znalazł książkę o piratach, która przyciągnęła jego uwagę. Potem poszedł do sekcji science fiction i zobaczył książkę o podróżach kosmicznych. Andres chciał także książkę o zwierzętach, więc poszedł do sekcji przyrodniczej.

Po wybraniu trzech książek, Andres poszedł do stołu i usiadł. Otworzył książkę o piratach i zaczął czytać. Historia była bardzo ekscytująca i Andres nie mógł przestać czytać. Minęła godzina i Andres zdecydował się zabrać trzy książki do domu.

Andres poszedł do lady i pani Lucía pomogła mu zarejestrować książki. "Miłej lektury, Andres," powiedziała z uśmiechem.

Andres wyszedł z biblioteki bardzo zadowolony. Nie mógł się doczekać, aż wróci do domu i będzie mógł dalej czytać swoje nowe książki. Dla niego biblioteka to magiczne miejsce, gdzie zawsze znajduje przygody i wiedzę.

Capítulo 21. Una Tarde de Cine / Popołudnie w Kinie

Una tarde, Carmen y sus amigos decidieron ir al cine. Querían ver una película nueva que todos decían que era muy buena. Se encontraron en la entrada del cine a las cinco de la tarde.

Primero, compraron los boletos en la taquilla. Después de comprar los boletos, fueron a la tienda de comida.

En la tienda, compraron palomitas de maíz, refrescos y dulces. Carmen eligió un refresco de cola y una caja grande de palomitas. Sus amigos también compraron palomitas y diferentes tipos de dulces. Con la comida en las manos, entraron a la sala de cine.

La sala estaba oscura y había muchas personas. Buscaron sus asientos y se sentaron cómodamente. La película comenzó y todos se quedaron en silencio, muy atentos a la pantalla.

La película era muy emocionante. Había muchas escenas de acción y los efectos especiales eran impresionantes. Carmen y sus amigos comían palomitas mientras miraban la película. Todos estaban muy felices y disfrutaban mucho.

Después de dos horas, la película terminó. Carmen y sus amigos salieron del cine hablando sobre sus escenas favoritas. Todos estuvieron de acuerdo en que fue una tarde muy divertida y decidieron volver al cine pronto para ver otra película.

***

Pewnego popołudnia Carmen i jej przyjaciele postanowili iść do kina. Chcieli zobaczyć nowy film, o którym wszyscy mówili, że jest bardzo dobry. Spotkali się przy wejściu do kina o piątej po południu.

Najpierw kupili bilety w kasie. Po zakupie biletów poszli do sklepu z jedzeniem.

W sklepie kupili popcorn, napoje gazowane i słodycze. Carmen wybrała colę i dużą paczkę popcornu. Jej przyjaciele również kupili popcorn i różne rodzaje słodyczy. Z jedzeniem w rękach weszli do sali kinowej.

Sala była ciemna i było w niej wiele osób. Znaleźli swoje miejsca i wygodnie usiedli. Film się zaczął i wszyscy zamilkli, bardzo skupieni na ekranie.

Film był bardzo emocjonujący. Było wiele scen akcji, a efekty specjalne były niesamowite. Carmen i jej przyjaciele jedli popcorn, oglądając film. Wszyscy byli bardzo szczęśliwi i bardzo dobrze się bawili.

Po dwóch godzinach film się skończył. Carmen i jej przyjaciele wyszli z kina, rozmawiając o swoich ulubionych scenach. Wszyscy zgodzili się, że to było bardzo udane popołudnie i postanowili wkrótce wrócić do kina, aby zobaczyć kolejny film.

Capítulo 22. El Festival de Música / Festiwal Muzyczny

Verónica estaba muy emocionada porque iba a asistir a un festival de música. Era su primer festival y no podía esperar para ver a sus bandas favoritas. El festival se celebraba en un gran parque, y Verónica llegó temprano para encontrar un buen lugar.

El primer concierto fue de una banda de rock que le gustaba mucho. Verónica cantó todas las canciones y disfrutó cada minuto. Luego, fue a ver un grupo de pop. La música era alegre y Verónica bailó con sus amigos.

Había muchas otras actividades en el festival. Verónica y sus amigos compraron comida en los puestos y probaron diferentes tipos de platos. También visitaron las tiendas de recuerdos y Verónica compró una camiseta del festival.

Por la noche, el festival se llenó de luces y colores. El último concierto fue el mejor. La banda principal tocó todas las canciones populares y la multitud estaba muy animada. Verónica se sintió muy feliz y disfrutó mucho del espectáculo.

Al final del día, Verónica estaba cansada pero muy contenta. Fue una experiencia increíble y no podía esperar para volver el próximo año. El festival de música fue un día que siempre recordará con cariño.

***

Verónica była bardzo podekscytowana, ponieważ miała uczestniczyć w festiwalu muzycznym. To był jej pierwszy festiwal i nie mogła się doczekać, aby zobaczyć swoje ulubione zespoły. Festiwal odbywał się w dużym parku, a Verónica przybyła wcześnie, aby znaleźć dobre miejsce.

Pierwszy koncert był zespołu rockowego, który bardzo lubiła. Verónica śpiewała wszystkie piosenki i cieszyła się każdą chwilą. Potem poszła zobaczyć grupę pop. Muzyka była wesoła, a Verónica tańczyła ze swoimi przyjaciółmi.

Na festiwalu było wiele innych atrakcji. Verónica i jej przyjaciele kupili jedzenie na stoiskach i spróbowali różnych potraw. Odwiedzili również sklepy z pamiątkami i Verónica kupiła koszulkę festiwalową.

Wieczorem festiwal rozświetlił się światłami i kolorami. Ostatni koncert był najlepszy. Główna grupa zagrała wszystkie popularne piosenki, a tłum był bardzo podekscytowany. Verónica czuła się bardzo szczęśliwa i bardzo cieszyła się występem.

Na koniec dnia Verónica była zmęczona, ale bardzo zadowolona. To było niesamowite doświadczenie i nie mogła się doczekać, aby wrócić za rok. Festiwal muzyczny był dniem, który zawsze będzie wspominać z sentymentem.

Capítulo 23. Un Paseo en Bicicleta / Wycieczka Rowerowa

Francisco y su papá decidieron hacer un paseo en bicicleta por la ciudad. El sol brillaba y el aire era fresco. Francisco estaba emocionado por explorar la zona con su papá.

"Papá, ¿a dónde vamos a ir hoy?" preguntó Francisco con entusiasmo.

"Iremos al parque primero y luego daremos un paseo por el río", respondió su papá con una sonrisa.

Montaron en sus bicicletas y comenzaron su aventura. Francisco disfrutaba del paisaje mientras pedaleaban juntos. Vieron árboles altos, flores coloridas y muchas personas felices paseando.

De repente, Francisco vio un camino de tierra que parecía interesante. "Papá, ¿podemos ir por allí?" preguntó.

"¡Claro, hijo! Vamos a explorar", respondió su papá con alegría.

Cambiaron de dirección y tomaron el camino de tierra. Descubrieron un hermoso bosque lleno de pájaros cantando y pequeños arroyos. Francisco estaba emocionado de haber encontrado un lugar tan especial.

Después de un tiempo, regresaron al camino principal y continuaron su viaje. Francisco se sentía feliz de pasar tiempo con su papá y de haber tenido tantas aventuras juntos en su paseo en bicicleta.

***

Francisco i jego tata postanowili przejechać się rowerem po mieście. Słońce świeciło, a powietrze było świeże. Francisco był podekscytowany możliwością zwiedzania okolicy z tatą.

"Tato, dokąd pojedziemy dziś?" zapytał Francisco z entuzjazmem.

"Najpierw pojedziemy do parku, a potem przejedziemy się wzdłuż rzeki" odpowiedział tata z uśmiechem.

Wsiedli na rowery i rozpoczęli swoją przygodę. Francisco podziwiał krajobraz, gdy pedałowali razem. Widzieli wysokie drzewa, kolorowe kwiaty i wiele szczęśliwych, spacerujących osób.

Nagle Francisco zobaczył ciekawą, polną drogę. "Tato, czy możemy tam pojechać?" zapytał.

"Oczywiście, synu! Jedźmy pozwiedzać" odpowiedział tata z radością.

Zmienili kierunek i ruszyli tą drogą. Odkryli piękny las pełen śpiewających ptaków i małych strumieni. Francisco był podekscytowany, że znaleźli tak wyjątkowe miejsce.

Po pewnym czasie wrócili na główną drogę i kontynuowali podróż. Francisco czuł się szczęśliwy, że spędza czas z tatą i że mieli razem tyle przygód podczas ich rowerowej wyprawy.

Capítulo 24. La Clase de Arte / Lekcja Sztuki

Julia estaba emocionada porque hoy tenía clase de arte. Le encantaba pintar y crear cosas nuevas. La profesora, la señora García, siempre tenía ideas interesantes para ellos.

Cuando Julia llegó al aula, vio muchas pinturas y pinceles en las mesas. La profesora García sonrió y dijo "Hoy vamos a pintar un paisaje. Piensen en su lugar favorito y pinten lo que ven".

Julia pensó en la playa que visitaba con su familia. Tomó sus pinceles y comenzó a pintar el mar, la arena y las palmeras. Estaba muy concentrada y feliz.

Su amiga Rosario, que estaba sentada al lado, la miró y dijo "¡Julia, tu pintura es muy bonita!"

Julia sonrió y respondió "Gracias, Rosario. Estoy pintando la playa donde voy con mi familia".

La clase pasó rápidamente y todos los estudiantes crearon hermosos paisajes. La señora García caminaba entre las mesas, admirando el trabajo de todos.

"¡Muy bien, Julia! Me gusta mucho tu pintura. ¿Te gusta pintar?" preguntó la profesora.

"Sí, me encanta pintar", dijo Julia con una gran sonrisa.

Al final de la clase, todos mostraron sus pinturas. Julia estaba muy orgullosa de su obra y no podía esperar a la próxima clase de arte.

***

Julia była podekscytowana, ponieważ dzisiaj miała lekcję sztuki. Uwielbiała malować i tworzyć nowe rzeczy. Nauczycielka, pani García, zawsze miała ciekawe pomysły dla nich.

Kiedy Julia dotarła do klasy, zobaczyła wiele farb i pędzli na stołach. Pani García uśmiechnęła się i powiedziała "Dziś będziemy malować pejzaż. Pomyślcie o swoim ulubionym miejscu i namalujcie to, co widzicie".

Julia pomyślała o plaży, którą odwiedzała z rodziną. Wzięła swoje pędzle i zaczęła malować morze, piasek i palmy. Była bardzo skupiona i szczęśliwa.

Jej przyjaciółka Rosario, która siedziała obok, spojrzała na nią i powiedziała: "Julia, twój obraz jest bardzo ładny!"

Julia uśmiechnęła się i odpowiedziała "Dziękuję, Rosario. Maluję plażę, na którą jeżdżę z rodziną".

Lekcja minęła szybko, a wszyscy uczniowie stworzyli piękne pejzaże. Pani García przechadzała się między stołami, podziwiając prace wszystkich.

"Bardzo dobrze, Julio! Bardzo podoba mi się twój obraz. Lubisz malować?" zapytała nauczycielka.

"Tak, uwielbiam malować", powiedziała Julia z wielkim uśmiechem.

Na koniec lekcji wszyscy pokazali swoje malunki. Julia była bardzo dumna ze swojej pracy i nie mogła się doczekać kolejnej lekcji sztuki.

Capítulo 25. Un Día de Nieve / Śnieżny Dzień

David se despertó y miró por la ventana. ¡Todo estaba cubierto de nieve! Estaba muy emocionado. Se puso su abrigo, guantes, bufanda y gorro. Luego, salió al jardín para jugar.

Primero, David hizo bolas de nieve. Lanzó algunas bolas contra un árbol y se rió mucho. Luego, decidió hacer un muñeco de nieve. Tomó mucha nieve y empezó a formar una gran bola para el cuerpo. Después, hizo una bola más pequeña para la cabeza.

David buscó piedras para hacer los ojos del muñeco. También usó una zanahoria para la nariz y una bufanda vieja para el cuello. El muñeco de nieve quedó muy bonito.

Mientras trabajaba, su amigo Antonio llegó. "¡Hola, David! ¿Puedo ayudarte con el muñeco de nieve?" preguntó Antonio.

"¡Claro, Antonio! Vamos a terminarlo juntos," respondió David con una sonrisa.

Los dos amigos pusieron unos botones en el muñeco para hacer la boca. Luego, encontraron dos ramas para los brazos. Finalmente, pusieron un sombrero en la cabeza del muñeco.

Cuando el sol empezó a bajar, David y Antonio entraron a la casa. La mamá de David les dio chocolate caliente para calentarse. "Gracias, mamá," dijo David, feliz y cansado.

***

David obudził się i spojrzał przez okno. Wszystko było pokryte śniegiem! Był bardzo podekscytowany. Założył płaszcz, rękawiczki, szalik i czapkę. Potem wyszedł do ogrodu, żeby się pobawić.

Najpierw David zrobił śnieżki. Rzucał kilka śnieżek w drzewo i bardzo się śmiał. Potem postanowił ulepić bałwana. Wziął dużo śniegu i zaczął formować dużą kulę na tułów. Następnie zrobił mniejszą kulę na głowę.

David szukał kamieni, żeby zrobić oczy bałwana. Użył też marchewki na nos i starego szalika na szyję. Bałwan wyszedł bardzo ładnie.

Kiedy pracował, przyszedł jego przyjaciel Antonio. „Cześć, David! Mogę ci pomóc z bałwanem?" zapytał Antonio.

„Oczywiście, Antonio! Dokończymy go razem," odpowiedział David z uśmiechem.

Dwaj przyjaciele przymocowali guziki do bałwana, żeby zrobić usta. Potem znaleźli dwie gałęzie na ręce. Na koniec założyli bałwanowi kapelusz na głowę.

Kiedy słońce zaczęło zachodzić, David i Antonio weszli do domu. Mama Davida dała im gorącą czekoladę, żeby się rozgrzali. „Dziękuję, mamo," powiedział David, szczęśliwy i zmęczony.

Capítulo 26. El Museo de Historia / Muzeum Historyczne

José visitó el museo de historia con su clase. Estaban muy emocionados por aprender cosas nuevas. Su maestro, Sr. Martínez, los guió por el museo.

Primero, Sr. Martínez los llevó a la sala de dinosaurios. Había grandes esqueletos de dinosaurios. José miró con asombro los huesos enormes.

"Estos dinosaurios vivieron hace millones de años," explicó Sr. Martínez. "¿Sabían que el Tyrannosaurus Rex era uno de los más grandes?"

Después, fueron a la sala de antiguos egipcios. Vieron momias y sarcófagos. José estaba fascinado por las historias de los faraones y las pirámides.

"Las pirámides fueron tumbas para los faraones," dijo Sr. Martínez. "Los egipcios creían en la vida después de la muerte."

Luego, visitaron la sala de la Edad Media. Había armaduras y espadas de los caballeros. José se imaginaba ser un caballero valiente luchando en batallas.

"En la Edad Media, los castillos eran muy importantes," explicó Sr. Martínez. "Servían como fortalezas y hogares para los nobles."

Al final del recorrido, fueron a la sala de historia moderna. Vieron objetos de los siglos XIX y XX, como viejos coches y teléfonos antiguos.

José aprendió mucho durante su visita al museo. Al final del día, estaba contento y le contó a sus padres todo lo que había visto y aprendido.

***

José odwiedził muzeum historii z swoją klasą. Byli bardzo podekscytowani, aby nauczyć się nowych rzeczy. Ich nauczyciel, pan Martínez, oprowadzał ich po muzeum.

Najpierw, pan Martínez zabrał ich do sali z dinozaurami. Były tam wielkie szkielety dinozaurów. José patrzył z zachwytem na ogromne kości.

"Te dinozaury żyły miliony lat temu," wyjaśnił pan Martínez. "Czy wiedzieliście, że Tyranozaur Rex był jednym z największych?"

Potem poszli do sali starożytnych Egipcjan. Zobaczyli mumie i sarkofagi. José był zafascynowany historiami faraonów i piramid.

"Piramidy były grobowcami dla faraonów," powiedział pan Martínez. "Egipcjanie wierzyli w życie po śmierci."

Następnie odwiedzili salę średniowiecza. Były tam zbroje i miecze rycerzy. José wyobrażał sobie, że jest dzielnym rycerzem walczącym w bitwach.

"W średniowieczu zamki były bardzo ważne," wyjaśnił pan Martínez. "Służyły jako twierdze i domy dla szlachty."

Na końcu wycieczki poszli do sali historii nowożytnej. Zobaczyli przedmioty z XIX i XX wieku, takie jak stare samochody i stare telefony.

José nauczył się dużo podczas wizyty w muzeum. Na koniec dnia był zadowolony i opowiedział rodzicom wszystko, co zobaczył i czego się nauczył.

Capítulo 27. Mi Desayuno Favorito / Moje Ulubione Śniadanie

Mi desayuno favorito es muy sencillo y delicioso. Me gusta preparar un desayuno vegano cada mañana. Primero, tomo una banana y la corto en rodajas. Luego, pongo las rodajas en un tazón. A veces, uso dos bananas si tengo mucha hambre.

Después, añado algunas fresas frescas y arándanos. Me encantan las frutas porque son muy saludables y tienen buen sabor. Luego, pongo un poco de avena encima de las frutas. Me gusta la avena porque me mantiene lleno por más tiempo.

Para hacer el desayuno más especial, añado una cucharada de mantequilla de almendras. Me gusta mucho la mantequilla de almendras porque es cremosa y deliciosa. A veces, también añado unas semillas de chía por encima.

Finalmente, añado un poco de leche de almendras. Prefiero la leche de almendras porque es vegana y tiene un sabor suave. También le da una textura suave al desayuno.

Me siento a la mesa y disfruto mi desayuno. Es muy nutritivo y me da mucha energía para empezar el día. Este desayuno es mi favorito porque es fácil de preparar y muy rico.

***

Moje ulubione śniadanie jest bardzo proste i pyszne. Każdego ranka lubię przygotowywać wegańskie śniadanie. Najpierw biorę banana i kroję go w plastry. Czasami używam dwóch bananów, jeśli jestem bardzo głodna. Następnie wkładam plasterki do miski.

Potem dodaję kilka świeżych truskawek i jagód. Uwielbiam owoce, ponieważ są bardzo zdrowe i mają świetny smak. Następnie posypuję owoce odrobiną owsianki. Lubię owsiankę, ponieważ dają mi uczucie sytości na długo.

Aby uczynić śniadanie bardziej wyjątkowym, dodaję łyżkę masła migdałowego. Bardzo lubię masło migdałowe, ponieważ jest kremowe i pyszne. Czasami dodaję też kilka nasion chia na wierzch.

Na koniec dodaję trochę mleka migdałowego. Wolę mleko migdałowe, ponieważ jest wegańskie i ma łagodny smak. Dodaje też miękkiej tekstury śniadaniu.

Siadam do stołu i delektuję się moim śniadaniem. Jest bardzo pożywne i daje mi dużo energii na rozpoczęcie dnia. To śniadanie jest moim ulubionym, ponieważ jest łatwe do przygotowania i bardzo smaczne.

Capítulo 28. Un Día en el Campo / Dzień na Wsi

Mónica se despertó temprano y estaba muy emocionada. Hoy iba a ir al campo con su familia. Se puso su ropa cómoda y preparó una mochila con agua y bocadillos.

Cuando llegaron al campo, Mónica vio muchos animales. Había vacas, ovejas, y caballos. Mónica estaba feliz de ver tantos animales. Se acercó a una vaca y la acarició. "¡Es tan suave!" dijo Mónica con una gran sonrisa.

Después, Mónica y su familia caminaron por un sendero en el bosque. Los árboles eran altos y había muchas flores coloridas. El aire era fresco y limpio. Mónica respiró profundamente y se sintió muy bien.

Al mediodía, se sentaron bajo un árbol grande para almorzar. Comieron bocadillos y frutas frescas. Mientras comían, escucharon el canto de los pájaros. Era un sonido muy bonito.

Después de almorzar, Mónica jugó con su hermano pequeño. Corrieron por el campo y recogieron flores. Mónica hizo una corona de flores y se la puso en la cabeza. Se sintió como una reina del campo.

Al final del día, Mónica y su familia regresaron a casa. Mónica estaba cansada pero muy feliz. Había tenido un día maravilloso en el campo, rodeada de animales y naturaleza. "Podría vivir allí", pensó Mónica mientras se dormía.

***

Mónica obudziła się wcześnie i była bardzo podekscytowana. Dziś miała jechać na wieś z rodziną. Założyła wygodne ubrania i przygotowała plecak z wodą i przekąskami.

Kiedy dotarli na wieś, Mónica zobaczyła wiele zwierząt. Były tam krowy, owce i konie. Mónica była szczęśliwa, widząc tyle zwierząt. Podeszła do krowy i pogłaskała ją. "Jest taka miękka!" powiedziała Mónica z szerokim uśmiechem.

Następnie Mónica i jej rodzina poszli na spacer ścieżką w lesie. Drzewa były wysokie, a kwiaty kolorowe. Powietrze było świeże i czyste. Mónica wzięła głęboki oddech i poczuła się bardzo dobrze.

W południe usiedli pod dużym drzewem, aby zjeść obiad. Jedli kanapki i świeże owoce. Podczas jedzenia słuchali śpiewu ptaków. To był bardzo piękny dźwięk.

Po obiedzie Mónica bawiła się z młodszym bratem. Biegali po polu i zbierali kwiaty. Mónica zrobiła wianek z kwiatów i założyła go na głowę. Poczuła się jak królowa wsi.

Pod koniec dnia Mónica i jej rodzina wrócili do domu. Mónica była zmęczona, ale bardzo szczęśliwa. Miała cudowny dzień na wsi, otoczona zwierzętami i naturą. "Mogłabym tam zamieszkać", pomyślała Mónica, zasypiając.

Capítulo 29. La Visita al Dentista / Wizyta u Dentysty

Víctor tenía una cita con el dentista. Estaba un poco asustado porque no le gustaba el dolor. Su mamá le dijo que todo estaría bien y que el dentista era muy amable.

Cuando llegaron a la clínica, se sentaron en la sala de espera. Víctor vio revistas y algunos juguetes. Intentó relajarse jugando con un coche de juguete.

"Víctor, el dentista te espera," dijo la enfermera con una sonrisa.

Víctor entró en el consultorio. El dentista, Dr. Gómez, lo saludó. "Hola, Víctor. No te preocupes, vamos a revisar tus dientes rápidamente," dijo Dr. Gómez.

Víctor se sentó en la silla grande. Dr. Gómez le explicó todo lo que iba a hacer. Revisó sus dientes con un pequeño espejo y una luz.

"Tus dientes están muy bien, Víctor. Solo necesitas cepillarlos mejor por la noche," dijo Dr. Gómez.

Víctor se sintió aliviado. El dentista no hizo nada doloroso. "Gracias, doctor," dijo Víctor con una sonrisa.

Después de la revisión, Dr. Gómez le dio a Víctor un cepillo de dientes nuevo y un pequeño tubo de pasta dental. "Recuerda cepillarte los dientes dos veces al día y usar hilo dental," le aconsejó.

Víctor y su mamá salieron de la clínica. "Visitar al dentista no fue tan malo," pensó Víctor. Estaba contento de haber cuidado bien de sus dientes.

***

Víctor miał wizytę u dentysty. Był trochę przestraszony, ponieważ nie lubił bólu. Jego mama powiedziała mu, że wszystko będzie dobrze i że dentysta jest bardzo miły.

Kiedy dotarli do kliniki, usiedli w poczekalni. Víctor zobaczył czasopisma i kilka zabawek. Spróbował się zrelaksować, bawiąc się samochodzikiem.

"Víctor, dentysta cię oczekuje," powiedziała pielęgniarka z uśmiechem.

Víctor wszedł do gabinetu. Dentysta, dr Gómez, przywitał go. "Cześć, Víctor. Nie martw się, szybko sprawdzimy twoje zęby," powiedział dr Gómez.

Víctor usiadł na dużym fotelu. Dr Gómez wyjaśnił mu wszystko, co zamierza zrobić. Sprawdził jego zęby małym lusterkiem i światłem.

"Twoje zęby są w bardzo dobrym stanie, Víctor. Musisz tylko lepiej je szczotkować wieczorem," powiedział dr Gómez.

Víctor poczuł ulgę. Dentysta nie zrobił nic bolesnego. "Dziękuję, doktorze," powiedział Víctor z uśmiechem.

Po przeglądzie dr Gómez dał Víctorowi nową szczoteczkę do zębów i małą tubkę pasty do zębów. "Pamiętaj, aby myć zęby dwa razy dziennie i używać nici dentystycznej," poradził mu.

Víctor i jego mama wyszli z kliniki. "Wizyta u dentysty nie była taka zła," pomyślał Víctor. Był zadowolony, że dobrze zadbał o swoje zęby.

Capítulo 30. La Feria del Libro / Targi Książki

Sebastián fue a la feria del libro con su madre. Estaba muy emocionado porque le encantan los libros. La feria estaba en un gran parque y había muchas tiendas de libros.

"Vamos a buscar algunos libros nuevos para ti," dijo su madre con una sonrisa.

Primero, fueron a una tienda de libros para niños. Había muchos libros con colores brillantes y dibujos bonitos. Sebastián vio un libro sobre dinosaurios y lo tomó. "Mamá, quiero este libro," dijo entusiasmado.

"Claro, Sebastián. ¿Quieres ver otros libros también?" preguntó su madre.

Siguieron caminando por la feria. Sebastián encontró un libro de aventuras que también le gustó mucho. "Mamá, ¿puedo tener este también?" preguntó.

"Sí, puedes tener los dos," respondió su madre. "Es importante leer y aprender cosas nuevas."

Después de comprar los libros, Sebastián y su madre se sentaron en un banco. Sebastián empezó a leer su nuevo libro de dinosaurios. Estaba muy feliz y disfrutó mucho de la feria del libro.

"Me encanta la feria del libro," dijo Sebastián. "Quiero volver el próximo año."

Su madre sonrió y dijo: "Claro que sí, Sebastián. Leer es una gran aventura."

***

Sebastián poszedł na targi książki ze swoją mamą. Był bardzo podekscytowany, ponieważ uwielbia książki. Targi odbywały się w dużym parku i było tam wiele stoisk z książkami.

"Poszukajmy dla ciebie kilku nowych książek," powiedziała mama z uśmiechem.

Najpierw poszli do stoiska z książkami dla dzieci. Było tam wiele książek z jasnymi kolorami i ładnymi ilustracjami. Sebastián zobaczył książkę o dinozaurach i ją wziął. "Mamo, chcę tę książkę," powiedział podekscytowany.

"Oczywiście, Sebastián. Chcesz zobaczyć też inne książki?" zapytała mama.

Kontynuowali spacer po targach. Sebastián znalazł książkę przygodową, która również bardzo mu się spodobała. "Mamo, czy mogę mieć też tę?" zapytał.

"Tak, możesz mieć obie," odpowiedziała mama. "Ważne jest czytanie i uczenie się nowych rzeczy."

Po zakupie książek, Sebastián i jego mama usiedli na ławce. Sebastián zaczął czytać swoją nową książkę o dinozaurach. Był bardzo szczęśliwy i bardzo podobały mu się targi książki.

"Uwielbiam targi książki," powiedział Sebastián. "Chcę wrócić w przyszłym roku."

Jego mama uśmiechnęła się i powiedziała: "Oczywiście, Sebastián. Czytanie to wielka przygoda."

Capítulo 31. Un Paseo por el Centro / Spacer po Centrum Miasta

Diego decidió pasar la tarde en el centro de la ciudad. Se puso su chaqueta y salió de casa. El sol brillaba y hacía buen tiempo.

Primero, Diego caminó por las calles llenas de tiendas. Miró las vitrinas y vio muchas cosas interesantes. Entró en una tienda de ropa y compró una camiseta nueva.

Después, Diego visitó una librería. Le encanta leer, así que pasó mucho tiempo buscando un libro interesante. Finalmente, encontró uno sobre aventuras y lo compró.

En la salida, Diego vio a su amigo Luis. "¡Hola, Luis! ¿Qué haces aquí?" preguntó Diego.

"Hola, Diego. Estoy buscando un regalo para mi hermana. ¿Y tú?" respondió Luis.

"Acabo de comprar un libro de aventuras." dijo Diego con una sonrisa.

Luego, Diego fue a una cafetería. Pidió un café y un pastel de chocolate. Se sentó cerca de la ventana y disfrutó de su merienda mientras observaba a la gente pasar.

Por último, Diego decidió visitar un museo. Había una exposición de arte moderno. Caminó por las salas y admiró las pinturas y esculturas.

Al final del día, Diego se sintió feliz y satisfecho. Mientras volvía a casa, pensó en lo agradable que había sido pasar tiempo explorando.

***

Diego zdecydował się spędzić popołudnie w centrum miasta. Założył kurtkę i wyszedł z domu. Słońce świeciło i była piękna pogoda.

Najpierw Diego spacerował po ulicach pełnych sklepów. Oglądał witryny i zobaczył wiele interesujących rzeczy. Wszedł do sklepu z ubraniami i kupił nową koszulkę.

Następnie Diego odwiedził księgarnię. Uwielbia czytać, więc spędził dużo czasu, szukając interesującej książki. W końcu znalazł książkę o przygodach i kupił ją.

Przy wyjściu Diego zobaczył swojego przyjaciela Luisa. "Cześć, Luis! Co tu robisz?" zapytał Diego.

"Cześć, Diego. Szukam prezentu dla mojej siostry. A ty?" odpowiedział Luis.

"Właśnie kupiłem książkę o przygodach." powiedział Diego z uśmiechem.

Potem Diego poszedł do kawiarni. Zamówił kawę i ciasto czekoladowe. Usiadł przy oknie i delektował się podwieczorkiem, obserwując przechodzących ludzi.

Na koniec Diego postanowił odwiedzić muzeum. Była tam wystawa sztuki nowoczesnej. Spacerował po salach i podziwiał obrazy i rzeźby.

Pod koniec dnia Diego czuł się szczęśliwy i zadowolony. Wracając do domu, pomyślał o tym, jak przyjemnie było spędzać czas na zwiedzaniu.

Capítulo 32. Un Día en el Oceanario / Dzień w Oceanarium

Catalina y sus amigos de clase decidieron ir al oceanario en una excursión escolar. Estaban emocionados por ver los peces y otras criaturas marinas. Cuando llegaron al oceanario, se dirigieron directamente a las grandes peceras llenas de peces de colores.

"¡Mira qué bonitos son!" exclamó Catalina señalando a los peces nadando.

Sus amigos asintieron emocionados y comenzaron a nombrar los diferentes tipos de peces que veían. Pasaron mucho tiempo admirando las peceras y observando cómo se movían los peces.

Después de ver los peces, fueron a una zona donde podían tocar estrellas de mar y erizos de mar. Catalina se sorprendió al sentir lo suaves que eran algunas de estas criaturas.

"¡Es tan increíble!" dijo Catalina mientras tocaba una estrella de mar.

Terminaron su visita con una presentación sobre tiburones. Catalina y sus amigos se sentaron juntos y escucharon con atención mientras les hablaban sobre los diferentes tipos de tiburones y cómo se comportan en el océano.

Al final del día, Catalina y sus amigos estaban agotados pero felices. Habían tenido un día increíble en el oceanario, lleno de descubrimientos emocionantes y experiencias memorables.

***

Catalina i jej koledzy z klasy postanowili wybrać się na wycieczkę do oceanarium. Byli podekscytowani możliwością zobaczenia ryb i innych morskich stworzeń. Kiedy dotarli do oceanarium, od razu udali się do dużych akwariów pełnych kolorowych ryb.

"Patrz, jakie piękne!" zawołała Catalina, wskazując na pływające ryby.

Jej koledzy zgodnie kiwali głowami z podnieceniem i zaczęli nazywać różne rodzaje ryb, które widzieli. Spędzili wiele czasu podziwiając akwaria i obserwując, jak ryby się poruszają.

Po obejrzeniu ryb udali się do strefy, w której mogli dotykać rozgwiazd i jeżowców. Catalina była zaskoczona, jak miękkie mogą być niektóre z tych stworzeń.

"To naprawdę niesamowite!" powiedziała Catalina, dotykając jednej z rozgwiazd.

Zakończyli swoją wizytę prezentacją o rekinach. Catalina i jej koledzy siedzieli razem, słuchając uważnie, gdy opowiadano im o różnych rodzajach rekinów i jak zachowują się w oceanie.

Na koniec dnia Catalina i jej przyjaciele byli zmęczeni, ale szczęśliwi. Spędzili niesamowity dzień w oceanarium, pełen ekscytujących odkryć i niezapomnianych przeżyć.

Capítulo 33. La Fiesta de Fin de Año / Impreza na Zakończenie Roku

La fiesta de fin de año estaba a punto de comenzar. Laura y Armando estaban muy emocionados. Habían invitado a sus amigos a su casa para celebrar juntos.

"¡Este año va a ser increíble!" dijo Laura mientras decoraba el salón con guirnaldas y globos. Armando preparaba la música y las luces.

A las diez de la noche, empezaron a llegar los amigos. Jimena, Mario, Diana y Roberto llegaron con comida y bebidas. "¡Feliz Año Nuevo adelantado!" dijo Diana mientras abrazaba a Laura.

Todos se sentaron a la mesa y disfrutaron de una deliciosa cena. "La comida está deliciosa, Laura," dijo Mario. Después de la cena, comenzaron a bailar y a reír.

Faltaban solo unos minutos para la medianoche. Todos se reunieron frente al televisor para ver el conteo regresivo. "¡Diez, nueve, ocho...!" contaron en voz alta. A la medianoche, todos comieron sus uvas y se abrazaron. "¡Feliz Año Nuevo!" gritaban. Luego salieron al jardín para ver los fuegos artificiales.

Laura y Armando estaban muy contentos de haber pasado un fin de año tan especial con sus amigos. "Este va a ser un gran año," dijo Armando mientras abrazaba a Laura.

***

Impreza sylwestrowa miała się właśnie rozpocząć. Laura i Armando byli bardzo podekscytowani. Zaprosili swoich przyjaciół do domu, aby wspólnie świętować.

„Ten rok będzie niesamowity!” powiedziała Laura, dekorując salon girlandami i balonami. Armando przygotowywał muzykę i światła.

O dziesiątej wieczorem zaczęli przychodzić przyjaciele. Jimena, Mario, Diana i Roberto przyszli z jedzeniem i napojami. „Szczęśliwego Nowego Roku z wyprzedzeniem!” powiedziała Diana, obejmując Laurę.

Wszyscy usiedli przy stole i cieszyli się pyszną kolacją. „Jedzenie jest pyszne, Laura,” powiedział Mario. Po kolacji zaczęli tańczyć i śmiać się.

Zostało tylko kilka minut do północy. Wszyscy zgromadzili się przed telewizorem, aby oglądać odliczanie. „Dziesięć, dziewięć, osiem…!” liczyli głośno. O północy wszyscy zjedli swoje winogrona i objęli się. „Szczęśliwego Nowego Roku!” krzyczeli. Potem wyszli do ogrodu, aby oglądać fajerwerki.

Laura i Armando byli bardzo zadowoleni, że spędzili taki wyjątkowy sylwester ze swoimi przyjaciółmi. „To będzie wspaniały rok,” powiedział Armando, obejmując Laurę.

Capítulo 34. La Clase de Música / Lekcja Muzyki

Sara estaba muy emocionada por su clase de música. Le gustaba mucho aprender a tocar instrumentos. Hoy, su maestro, Sr. Ramírez, iba a enseñarles a tocar la flauta.

"Buenos días, clase," dijo Sr. Ramírez. "Hoy vamos a aprender a tocar la flauta. Cada uno tome una flauta de la mesa."

Sara tomó su flauta y se sentó en su silla. Sr. Ramírez les mostró cómo sostener la flauta y cómo soplar para hacer un sonido.

"Primero, ponemos los dedos aquí y aquí," explicó Sr. Ramírez, señalando los agujeros en la flauta. "Luego, soplamos suavemente."

Sara intentó seguir las instrucciones. Al principio, no pudo hacer ningún sonido, pero Sr. Ramírez la ayudó.

"Intenta de nuevo, Sara," dijo Sr. Ramírez. "Recuerda soplar suavemente."

Sara lo intentó de nuevo y, esta vez, hizo un sonido. Estaba muy feliz.

"¡Muy bien, Sara!" dijo Sr. Ramírez. "Ahora, vamos a aprender una canción simple."

Sr. Ramírez tocó una canción en su flauta y los estudiantes lo imitaron. Sara practicó mucho y, poco a poco, mejoró. Al final de la clase, todos los estudiantes pudieron tocar la canción.

Sara estaba muy orgullosa de lo que había aprendido. "Me encanta la clase de música," pensó mientras guardaba su flauta.

***

Sara była bardzo podekscytowana swoją lekcją muzyki. Bardzo lubiła uczyć się gry na instrumentach. Dziś jej nauczyciel, pan Ramírez, miał ich uczyć grać na flecie.

"Dzień dobry, klaso," powiedział pan Ramírez. "Dziś nauczymy się grać na flecie. Każdy z was weźmie flet ze stołu."

Sara wzięła swój flet i usiadła na krześle. Pan Ramírez pokazał im, jak trzymać flet i jak dmuchać, aby wydobyć dźwięk.

"Najpierw, kładziemy palce tutaj i tutaj," wyjaśnił pan Ramírez, wskazując otwory w flecie. "Następnie dmuchamy delikatnie."

Sara próbowała postępować zgodnie z instrukcjami. Na początku nie mogła wydobyć żadnego dźwięku, ale pan Ramírez jej pomógł.

"Spróbuj jeszcze raz, Saro," powiedział pan Ramírez. "Pamiętaj, dmuchaj delikatnie."

Sara spróbowała ponownie i tym razem udało się wydobyć dźwięk. Była bardzo szczęśliwa.

"Bardzo dobrze, Saro!" powiedział pan Ramírez. "Teraz nauczymy się prostej piosenki."

Pan Ramírez zagrał piosenkę na swoim flecie, a uczniowie go naśladowali. Sara dużo ćwiczyła i stopniowo robiła postępy. Pod koniec lekcji wszyscy uczniowie potrafili zagrać piosenkę.

Sara była bardzo dumna z tego, czego się nauczyła. "Uwielbiam lekcje muzyki," pomyślała, chowając swój flet.

Capítulo 35. El Trabajo Nuevo / Nowa Praca

El primer día en el nuevo trabajo, Daniel estaba muy nervioso. Se levantó temprano, se puso su mejor traje y preparó su maletín. Desayunó rápidamente, revisando mentalmente todo lo que tenía que llevar.

Después de llegar a la oficina, fue recibido por su nuevo jefe, señor Pérez. "Bienvenido, Daniel." dijo señor Pérez con una sonrisa amable. Daniel se sintió un poco más relajado.

Durante la mañana, Daniel aprendió sobre sus tareas y cómo usar el sistema de la empresa. Sandra, una compañera de trabajo, le mostró cómo ingresar datos en la computadora. "Aquí tienes que poner tu nombre de usuario y tu contraseña," explicó Sandra. Daniel asintió, concentrado. "Gracias, Sandra," dijo.

Por la tarde, trabajó en su primer proyecto. Se sentía un poco perdido al principio. Sandra notó su dificultad y se acercó a ayudarlo. "Está en la carpeta de proyectos, aquí," dijo señalando la pantalla. "Ah, ya veo. Gracias de nuevo," dijo Daniel, aliviado.

Al final del día, señor Pérez se acercó a Daniel. "Buen trabajo, Daniel. Estoy seguro de que serás un gran miembro del equipo," dijo. Daniel se fue a casa cansado pero contento, sabiendo que con el tiempo se sentiría más cómodo en su nuevo trabajo.

***

Pierwszego dnia w nowej pracy Daniel był bardzo zdenerwowany. Wstał wcześnie, założył najlepszy garnitur i przygotował swoją teczkę. Szybko zjadł śniadanie, przeglądając w myślach wszystko, co miał ze sobą zabrać.

Po przybyciu do biura został przywitany przez swojego nowego szefa, pana Péreza. "Witamy, Danielu" powiedział pan Pérez z uprzejmym uśmiechem. Daniel poczuł się trochę bardziej zrelaksowany.

Rano Daniel uczył się swoich obowiązków i jak korzystać z systemu firmowego. Sandra, koleżanka z pracy, pokazała mu, jak wprowadzać dane do komputera. "Tutaj musisz wpisać swoją nazwę użytkownika i hasło," wyjaśniła Sandra. Daniel skinął głową, skoncentrowany. "Dziękuję, Sandro," powiedział.

Po południu pracował nad swoim pierwszym projektem. Na początku czuł się trochę zagubiony. Sandra zauważyła jego trudności i podeszła, by mu pomóc. "Jest w folderze z projektami, tutaj," powiedziała, wskazując ekran. "Ach, rozumiem. Jeszcze raz dziękuję," powiedział Daniel z ulgą.

Pod koniec dnia pan Pérez podszedł do Daniela. "Dobra robota, Daniel. Jestem pewien, że będziesz wspaniałym członkiem zespołu," powiedział. Daniel wrócił do domu zmęczony, ale zadowolony, wiedząc, że z czasem poczuje się bardziej komfortowo w nowej pracy.

Capítulo 36. Un Día en el Gimnasio / Dzień na Siłowni

Alejandro se despertó temprano por la mañana con una determinación en mente: iba a empezar a cuidar su salud y forma física. Decidió que hoy sería el día en que se uniría al gimnasio de su barrio.

Después de tomar un desayuno nutritivo, se vistió con ropa deportiva y se dirigió al gimnasio. Al entrar, se sintió un poco nervioso, pero también emocionado por comenzar esta nueva etapa en su vida.

Un instructor amable lo saludó y lo guió por el gimnasio, mostrándole las diferentes máquinas y equipos de entrenamiento. Alejandro se sintió un poco abrumado al principio, pero el instructor le explicó cómo usar cada máquina de manera segura y efectiva.

Decidió comenzar con un calentamiento ligero en la cinta de correr. Luego, pasó a levantar pesas y hacer ejercicios de fuerza.

Después de una hora de entrenamiento intenso, Alejandro se sintió cansado pero satisfecho. Sabía que había dado un gran paso hacia su objetivo de estar en forma y saludable.

Al salir del gimnasio, se prometió a sí mismo seguir yendo regularmente. Estaba emocionado por ver los cambios positivos que vendrían con su nueva rutina de ejercicios.

***

Alejandro wstał wcześnie rano z determinacją w sercu: postanowił zadbać o swoje zdrowie i kondycję. Zdecydował, że dzisiaj będzie dzień, w którym dołączy do miejscowego klubu fitness.

Po zjedzeniu zdrowego śniadania, założył sportowe ubrania i udał się do klubu. Po wejściu poczuł się lekko zdenerwowany, ale również podekscytowany rozpoczęciem tej nowej przygody.

Przywitał go życzliwy instruktor, który oprowadził go po klubie, pokazując różne maszyny i urządzenia treningowe. Alejandro na początku czuł się nieco przytłoczony, ale instruktor wyjaśnił mu, jak bezpiecznie i skutecznie korzystać z każdej maszyny.

Postanowił rozpocząć od lekkiego rozgrzewki na bieżni. Następnie przeszedł do podnoszenia ciężarów i wykonywania ćwiczeń siłowych.

Po godzinie intensywnego treningu Alejandro był zmęczony, ale zadowolony. Wiedział, że zrobił duży krok w kierunku swojego celu, jakim było zachowanie dobrej formy i zdrowia.

Wychodząc z klubu, obiecał sobie, że będzie tu regularnie wracał. Był podekscytowany możliwością obserwowania pozytywnych zmian, jakie niesie za sobą nowa rutyna treningowa.

Capítulo 37. El Taller de Fotografía / Warsztaty Fotograficzne

Camila siempre se había interesado por la fotografía, así que cuando vio un anuncio sobre talleres de fotografía en su vecindario, decidió inscribirse de inmediato.

El primer día de taller, Camila estaba un poco nerviosa pero emocionada por aprender algo nuevo. Con su cámara en mano, llegó al lugar y fue recibida por el instructor, quien la saludó con una sonrisa amable.

Durante la clase, Camila aprendió los conceptos básicos de la fotografía, como la composición, la exposición y el enfoque. Practicaron tomando fotos en diferentes lugares y con distintas luces.

A medida que avanzaba la clase, Camila se sintió más segura y entusiasmada con su progreso. Comenzó a capturar imágenes creativas y a experimentar con diferentes ángulos y perspectivas. Descubrió que le gustaba especialmente fotografiar la naturaleza y los pequeños detalles que a menudo pasaban desapercibidos.

"¡Muy bien, Camila!", exclamó el instructor al ver una de sus fotos. "Capturaste el momento de manera hermosa y natural".

Camila se sintió muy feliz y orgullosa. En ese momento, supo que le encantaba la fotografía y quería explorar el mundo con su cámara. Se imaginó viajando a lugares lejanos, tomando fotos bonitas y conociendo diferentes culturas.

Camila od zawsze interesowała się fotografią, więc gdy zobaczyła ogłoszenie o warsztatach fotograficznych w swojej okolicy, postanowiła się na nie zapisać od razu.

Pierwszego dnia warsztatów, Camila była trochę zdenerwowana, ale też podekscytowana możliwością nauki czegoś nowego. Z aparatem w ręku przybyła na miejsce i została serdecznie przywitana przez instruktora, który uśmiechniętą się przywitał.

W trakcie lekcji, Camila uczyła się podstaw fotografii, takich jak kompozycja, ekspozycja i ostrość. Ćwiczyli robienie zdjęć w różnych miejscach i przy różnych oświetleniach.

W miarę jak lekcja postępowała, Camila czuła się coraz pewniejsza i bardziej podekscytowana swoim postępem. Zaczęła robić kreatywne obrazy i eksperymentować z różnymi kątami i perspektywami. Odkryła, że szczególnie lubi fotografować naturę i małe detale, które często pozostają niezauważone.

"Świetnie, Camila!" wykrzyknął instruktor, widząc jedno z jej zdjęć. "Uchwyciłaś ten moment pięknie i naturalnie".

Camila poczuła się bardzo szczęśliwa i dumna. W tamtej chwili wiedziała, że uwielbia fotografować i chce eksplorować świat ze swoim aparatem. Wyobraziła sobie podróżowanie do odległych miejsc, robienie pięknych zdjęć i poznawanie różnych kultur.

Capítulo 38. La Clase de Baile / Lekcja Tańca

Esteban siempre había querido aprender a bailar, así que decidió inscribirse en una clase de baile en su vecindario. El primer día de clase, estaba un poco nervioso pero muy emocionado.

Cuando llegó al estudio de baile, fue recibido por la profesora, señora Sánchez. "Hola, bienvenido a nuestra clase de baile," dijo con una sonrisa.

Esteban se unió a los demás estudiantes y la clase comenzó. señora Sánchez les enseñó los pasos básicos de salsa. "Primero, movemos el pie derecho hacia adelante, luego el pie izquierdo hacia atrás," explicó.

Al principio, Esteban se sentía un poco torpe, pero con la práctica, empezó a sentirse más seguro. La música era alegre y todos en la clase se divertían mucho.

"¡Muy bien, Esteban!" dijo señora Sánchez. "Estás mejorando con cada paso."

Después de una hora de práctica, Esteban y sus compañeros de clase bailaron juntos una pequeña coreografía. Esteban se sintió muy feliz y orgulloso de su progreso.

Al final de la clase, señora Sánchez les dio algunas recomendaciones para seguir practicando en casa. Esteban salió del estudio cansado, pero muy contento y con muchas ganas de seguir aprendiendo a bailar.

***

Esteban zawsze chciał nauczyć się tańczyć, więc zdecydował się zapisać na lekcję tańca w swojej okolicy. Pierwszego dnia zajęć był trochę zdenerwowany, ale bardzo podekscytowany.

Kiedy dotarł do studia tańca, powitała go nauczycielka, pani Sánchez. "Cześć, witaj na naszej lekcji tańca," powiedziała z uśmiechem.

Esteban dołączył do innych uczniów i rozpoczęły się zajęcia. Pani Sánchez uczyła ich podstawowych kroków salsy. "Najpierw przesuwamy prawą stopę do przodu, a potem lewą stopę do tyłu," wyjaśniła.

Na początku Esteban czuł się trochę niezręcznie, ale z czasem zaczął czuć się pewniej. Muzyka była radosna i wszyscy na zajęciach świetnie się bawili.

"Świetnie, Esteban!" powiedziała pani Sánchez. "Robisz postępy z każdym krokiem."

Po godzinie ćwiczeń Esteban i jego koledzy z klasy zatańczyli razem krótką choreografię. Esteban poczuł się bardzo szczęśliwy i dumny ze swoich postępów.

Na koniec zajęć pani Sánchez dała im kilka wskazówek, jak ćwiczyć w domu. Esteban opuścił studio zmęczony, ale bardzo zadowolony i pełen chęci do dalszej nauki tańca.

Capítulo 39. El Primer Día de Vacaciones / Pierwszy Dzień Wakacji

Gabriel estaba muy emocionado por el inicio de las vacaciones de verano. Había esperado este día con muchas ganas. Cuando se despertó temprano, sonrió al ver el sol brillante por la ventana.

Bajó a desayunar con sus padres y hermanos. En la mesa había tostadas, mermelada y jugo de naranja. Gabriel comió rápido porque estaba muy emocionado por empezar el día.

"Tengo muchos planes para estas vacaciones", dijo Gabriel después de terminar su desayuno.

Sus padres sonrieron. "¿Qué planeas hacer hoy?" preguntó su madre.

Gabriel respondió: "Quiero ir al parque y jugar al fútbol con mis amigos. Luego iré a la biblioteca para sacar algunos libros."

Después del desayuno, Gabriel se puso sus zapatillas y salió de casa. Primero fue al parque, donde jugó al fútbol con sus amigos. Corrieron y rieron mucho.

Luego, Gabriel se despidió de sus amigos y caminó hasta la biblioteca. Le encantaba leer y quería encontrar nuevos libros para las vacaciones. En la biblioteca, encontró varios libros de aventuras.

Con su mochila llena de libros, Gabriel regresó a casa. Se sentó en el jardín y comenzó a leer. Estaba muy feliz y emocionado por todas las aventuras que le esperaban en sus vacaciones.

***

Gabriel był bardzo podekscytowany początkiem letnich wakacji. Z niecierpliwością czekał na ten dzień. Kiedy obudził się wcześnie rano, uśmiechnął się, widząc jasne słońce za oknem.

Zszedł na śniadanie z rodzicami i rodzeństwem. Na stole były tosty, dżem i sok pomarańczowy. Gabriel jadł szybko, bo był bardzo podekscytowany rozpoczęciem dnia.

"Mam wiele planów na te wakacje," powiedział Gabriel po skończeniu śniadania.

Rodzice uśmiechnęli się. "Co planujesz zrobić dzisiaj?" zapytała mama.

Gabriel odpowiedział: "Chcę iść do parku i pograć w piłkę nożną z przyjaciółmi. Potem pójdę do biblioteki wypożyczyć kilka książek."

Po śniadaniu Gabriel założył buty sportowe i wyszedł z domu. Najpierw poszedł do parku, gdzie grał w piłkę nożną z przyjaciółmi. Biegali i dużo się śmiali.

Następnie Gabriel pożegnał się z przyjaciółmi i poszedł do biblioteki. Uwielbiał czytać i chciał znaleźć nowe książki na wakacje. W bibliotece znalazł kilka książek przygodowych.

Z plecakiem pełnym książek Gabriel wrócił do domu. Usiadł w ogrodzie i zaczął czytać. Był bardzo szczęśliwy i podekscytowany wszystkimi przygodami, które czekały go w te wakacje.

Capítulo 40. Visita a los Abuelos / Wizyta u Dziadków

Rafael y Maríana estaban muy emocionados porque iban a visitar a sus abuelos. Subieron al coche y empezaron el viaje. Durante el camino, cantaron canciones y jugaron a ver quién encontraba más coches rojos.

Cuando llegaron a la casa de los abuelos, los recibieron con abrazos y besos. "¡Qué alegría verlos!" dijo la abuela. "Hemos preparado su comida favorita."

Entraron a la casa y se sentaron a la mesa. Había pollo, arroz, ensalada y pastel de chocolate. Rafael y Maríana comieron muy felices.

Después de comer, salieron al jardín a jugar. El abuelo les mostró su jardín lleno de flores y plantas. Rafael y Maríana ayudaron a regar las plantas y recogieron algunas flores.

"Es muy divertido estar aquí," dijo Rafael mientras jugaba con el perro de los abuelos.

"Sí, me encanta la casa de los abuelos," respondió Maríana.

Pasaron la tarde jugando y hablando con sus abuelos. Al final del día, estaban cansados pero muy contentos. "¡Tenemos que volver pronto!" dijo Rafael.

"Claro que sí," dijo la abuela. "Siempre son bienvenidos aquí."

Se despidieron de sus abuelos y regresaron a casa. Rafael y Maríana se durmieron rápidamente, soñando con su próxima visita a la casa de los abuelos.

***

Rafael i Maríana byli bardzo podekscytowani, ponieważ mieli odwiedzić swoich dziadków. Wsiedli do samochodu i rozpoczęli podróż. W trakcie drogi śpiewali piosenki i grali w grę, kto znajdzie więcej czerwonych samochodów.

Kiedy dotarli do domu dziadków, zostali przywitani uściskami i pocałunkami. "Jak dobrze was widzieć!" powiedziała babcia. "Przygotowaliśmy wasze ulubione jedzenie."

Weszli do domu i usiedli do stołu. Był kurczak, ryż, sałatka i czekoladowe ciasto. Rafael i Maríana jedli bardzo szczęśliwi.

Po jedzeniu wyszli do ogrodu, aby się pobawić. Dziadek pokazał im swój ogród pełen kwiatów i roślin. Rafael i Maríana pomogli podlać rośliny i zebrali kilka kwiatów.

"Tutaj jest bardzo fajnie," powiedział Rafael, bawiąc się z psem dziadków.

"Tak, uwielbiam dom dziadków," odpowiedziała Maríana.

Spędzili popołudnie, bawiąc się i rozmawiając z dziadkami. Pod koniec dnia byli zmęczeni, ale bardzo szczęśliwi. "Musimy wkrótce wrócić!" powiedział Rafael.

"Oczywiście," powiedziała babcia. "Zawsze jesteście tu mile widziani."

Pożegnali się z dziadkami i wrócili do domu. Rafael i Maríana szybko zasnęli, marząc o następnej wizycie w domu dziadków.

Ejercicios

Capítulo 1. Día en la Escuela

Responde las siguientes preguntas eligiendo la opción correcta.

1. ¿Qué desayunó Ana?

a) Cereales

b) Tostadas con mermelada y leche caliente

c) Pan con mantequilla

2. ¿Quién preparó el desayuno?

a) Ana

b) Su hermana

c) Su madre

3. ¿Cuál fue la primera clase de Ana?

a) Ciencias naturales

b) Lectura

c) Matemáticas

4. ¿Qué hicieron Ana y sus amigas en la hora de recreo?

a) Jugaron a la rayuela y comieron un refrigerio

b) Jugaron al fútbol

c) Estudiaron en la biblioteca

5. ¿Quién esperaba a Ana al salir de la escuela?

a) Su padre

b) Su madre

c) Su abuela

Capítulo 2. Un Paseo por el Parque

Completa las siguientes oraciones usando las palabras que faltan.

1. María y su mamá caminaron hacia el . . . . . cercano.

a) parque

b) playa

c) supermercado

2. Vieron a niños pequeños jugando en los . . . . ..

a) coches

b) columpios

c) libros

3. La mamá señaló una . . . . . trepando por el tronco de un gran roble.

a) mariposa

b) ardilla

c) flor

4. María observó al pequeño . . . . . moverse ágilmente.

a) perro

b) pájaro

c) animal

5. El aroma de las . . . . . de primavera inundaba el aire fresco.

a) flores

b) frutas

c) hojas

Capítulo 3. Compras en el Supermercado

Lea las siguientes oraciones y determine si son verdaderas o falsas.

1. William compró manzanas verdes en el supermercado.

2. William eligió llevar pollo y salchichas del área de carnes.

3. En el pasillo de productos lácteos, William compró leche, queso y yogur de fresa.

4. William pagó sus compras con dinero en efectivo.

5. William estaba triste después de hacer sus compras.

Capítulo 4. La Familia de Pablo

Une las siguientes partes de las oraciones para que formen frases coherentes.

1. Pablo tiene una familia...

2. Luis es alto y...

3. Anita es profesora y...

4. Marta es una niña...

5. Rosa es la abuela de Pablo y...

a) siempre tiene una sonrisa en el rostro.

b) pequeña pero feliz.

c) tiene el pelo corto y negro.

d) muy enérgica y curiosa.

e) excelente cocinera.

Capítulo 5. El Cumpleaños de Jorge

Completa las oraciones con las palabras. Palabras: cumpleaños, pastel, amigos, regalos, piñata.

1. Jorge está muy emocionado porque hoy es su . . . .

2. La mamá de Jorge compró un gran . . . . de chocolate con glaseado.

3. Todos los . . . . de Jorge del colegio vinieron a la fiesta.

4. Los invitados le dieron . . . . envueltos en papeles brillantes.

5. Jugaron a romper una . . . . llena de dulces.

Capítulo 6. Un Día de Playa

Ordena las siguientes palabras para formar oraciones completas.

1. rica / está / muy

2. sol / brillaba / fuerte / el

3. estaba / la / arena / caliente / muy

4. sol / tomando / la / pasaron / el / tarde

5. extendieron / toallas / playa / de / padres / las

Capítulo 7. En la Estación de Tren

Ordena las oraciones en la secuencia cronológica correcta.

a) La familia camina hacia el andén para esperar su tren.

b) Sofía se despierta temprano y se viste con ropa cómoda.

c) Sofía y Julio se entretienen contando los vagones del tren.

d) La familia escucha un pitido fuerte y el tren comienza a moverse.

e) Papá compra los boletos en el mostrador.

Capítulo 8. Mi Mascota

Completa las oraciones con las formas adecuadas de los verbos.

1. Pepito me (recibir) . . . . moviendo la cola cuando vuelvo a casa.

2. Pepito (traer) . . . . la pelota para que se la lance.

3. Pepito se (acurrucar) . . . . en su cama y se queda dormido.

4. Pepito (esconder) . . . . su juguete debajo de los muebles.

5. Pepito (soñar) . . . . con perseguir algo al dormir.

Capítulo 9. Un Día Lluvioso

Responde las siguientes preguntas eligiendo la opción correcta.

1. ¿Qué tipo de día es hoy?

a) Soleado

b) Nublado

c) Lluvioso

2. ¿Dónde colocó mamá los libros y juegos?

a) En la sala

b) En el jardín

c) En el garaje

3. ¿Qué elige hacer el narrador del texto?

a) Jugar afuera bajo la lluvia

b) Leer un libro de cuentos

c) Jugar al ajedrez con Claudia

4. ¿Qué está haciendo mamá mientras los niños leen y juegan?

a) Durmiendo en su habitación

b) Viendo la televisión

c) Preparando algo delicioso en la cocina

5. ¿Cómo se sienten los niños al final del día lluvioso?

a) Aburridos

b) Contentos de estar juntos

c) Tristes por no poder salir afuera

Capítulo 10. La Cena en Casa

Completa las siguientes oraciones usando las palabras que faltan.

1. Juan estaba emocionado porque le gusta mucho estar en la

. . . . .

a) cocina

b) sala

c) jardín

2. En el supermercado compraron . . . . . para la ensalada.

a) manzanas

b) patatas y cebollas

c) lechuga, tomates, zanahorias y pepinos

3. Papá sazonó el pollo con . . . . ., pimienta y un poco de limón.

a) sal

b) azúcar

c) harina

4. Mama cocinó el arroz en una . . . . . grande.

a) sartén

b) olla

c) bandeja

5. Juan ayudó a servir la ensalada y . . . . . .

a) la sopa

b) el arroz

c) las verduras

Capítulo 11. Visita al Zoo

Lea las siguientes oraciones y determine si son verdaderas o falsas.

1. Guillermo y Carlos visitaron el zoológico de Madrid un sábado por la mañana.

2. Lo primero que vieron fueron los leones descansando bajo el sol.

3. Carlos dijo que los elefantes parecían casas andantes.

4. Los monos se comportaban como si fueran niños jugando en un parque.

5. Guillermo observó fascinado a los tigres en el aviario.

Capítulo 12. Un Día en la Montaña

Une las siguientes partes de las oraciones para que formen frases coherentes.

1. Ramón y su familia...

2. Ramón preparaba...

3. Ramón recogió...

4. Disfrutaron de la vista...

5. Llegaron a la cima...

a) algunas flores silvestres.

b) de las majestuosas montañas.

c) decidieron ir de excursión.

d) de una montaña.

e) su mochila.

Capítulo 13. Mi Mejor Amigo

Completa las oraciones con las palabras. Palabras: bicicleta, fútbol, aventuras, imaginación, inseparables.

1. Manuel y yo somos . . . . desde que nos conocimos en la escuela.

2. Nos encanta jugar al . . . . y pasar muchas tardes practicando en el parque.

3. A menudo vamos en . . . . por los senderos del bosque cercano.

4. Nos gusta explorar el vecindario en busca de . . . .

5. Pasamos horas creando cosas con bloques de construcción, dejando volar nuestra . . . .

Capítulo 14. La Fiesta en el Barrio

Ordena las siguientes palabras para formar oraciones completas.

1. muy / anoche / fiesta / hubo / divertida

2. parque / todos / llegaron / al

3. los / adultos / historias / charlaban

4. música / comenzaron / a / bailar / todos / la

5. noche / fiesta / la / duró / hasta / la

Capítulo 15. La Visita al Médico

Ordena las oraciones en la secuencia cronológica correcta.

a) El doctor López escuchó el pecho de Tomás con el estetoscopio.

b) Tomás y su papá llegaron al consultorio del doctor.

c) Tomás se quedó en casa y siguió las indicaciones del doctor.

d) El papá de Tomás llamó al consultorio del doctor y consiguió una cita.

e) El doctor le dio a Tomás una piruleta por ser un buen paciente.

Capítulo 16. Mi Habitación

Completa las oraciones con las formas adecuadas de los verbos.

1. Mi habitación (ser) . . . . mi lugar favorito en la casa.

2. En el centro de la habitación, yo (tener) . . . . una cama cómoda.

3. Mi escritorio (estar) . . . . junto a la ventana.

4. En la pared, yo (poner) . . . . fotos y notas importantes.

5. Lo que más me (gustar) . . . . de mi habitación es la sensación de tranquilidad.

Capítulo 17. El Partido de Fútbol

Responde las siguientes preguntas eligiendo la opción correcta.

1. ¿Dónde se juntaron Roberto y sus amigos para jugar fútbol?

a) En el gimnasio

b) En el parque

c) En la escuela

2. ¿Quién llegó primero al parque?

a) Andrés

b) Miguel

c) Roberto

3. ¿Qué usaron para marcar el campo de juego?

a) Conos y cintas

b) Piedras y mochilas

c) Palos y hojas

4. ¿Quién le pasó la pelota a Roberto para el primer gol?

a) Álvaro

b) Andrés

c) Victor

5. ¿Qué hicieron los amigos después de que terminó el partido?

a) Fueron a casa

b) Siguieron jugando

c) Compartieron bebidas y bocadillos

Capítulo 18. Un Viaje en Avión

Completa las siguientes oraciones usando las palabras que faltan.

Isabel estaba emocionada pero también un poco . . . . . .

a) nerviosa

b) contenta

c) enfadada

2. En el aeropuerto de Londres, había un gran bullicio de gente
. . . . . .

a) comiendo

b) jugando

c) yendo y viniendo

3. Isabel se sentó junto a la ventanilla y ajustó el . . . . . de seguridad.

a) cinturón

b) asiento

c) pasaporte

4. Bajo ellos, las casas y calles parecían pequeñas como . . . . . de construcción.

a) carros

b) juguetes

c) edificios

5. Isabel se sentía como un . . . . . surcando el cielo.

a) avión

b) pájaro

c) barco

Capítulo 19. Mi Clase de Español

Lea las siguientes oraciones y determine si son verdaderas o falsas.

1. La profesora de la clase de español se llama señora García.

2. En la clase hay doce estudiantes.

3. Violeta es muy buena en pronunciación.

4. Las clases de español son los lunes y miércoles.

5. Siempre empiezan la clase con un juego en español.

Capítulo 20. La Biblioteca

Une las siguientes partes de las oraciones para que formen frases coherentes.

1. Andres fue a la biblioteca...

2. La señora Lucía siempre...

3. Primero, fue a la sección...

4. Andres se sentó y...

5. La biblioteca es un lugar...

a) empezó a leer el libro de piratas.

b) de aventuras.

c) mágico para Andres.

d) el sábado por la mañana.

e) le ayuda a encontrar buenos libros.

Capítulo 21. Una Tarde de Cine

Completa las oraciones con las palabras. Palabras: compraron, película, sala, amigos, palomitas.

1. Carmen y sus . . . . decidieron ir al cine.

2. En la tienda de comida, ... palomitas de maíz, refrescos y dulces.

3. Carmen eligió un refresco de cola y una caja grande de . . . . . .
. . . . .

4. La . . . . era muy emocionante y tenía muchas escenas
de acción.

5. Buscaron sus asientos y se sentaron cómodamente en la . . . . .
. . . . . de cine.

Capítulo 22. El Festival de Música

Ordena las siguientes palabras para formar oraciones
completas.

1. festival / de / fue / música / al / Verónica

2. una / banda / rock / de / tocó

3. ella / amigos / con / bailó / sus

4. del / camiseta / una / festival / compró

5. contenta / muy / estaba / al / final / día / del

Capítulo 23. Un Paseo en Bicicleta

Ordena las oraciones en la secuencia cronológica correcta.

a) Cambiaron de dirección y tomaron el camino de tierra.

b) Montaron en sus bicicletas y comenzaron su aventura.

c) Francisco preguntó a su papá a dónde irían hoy.

d) Francisco vio un camino de tierra que parecía interesante.

e) Descubrieron un hermoso bosque lleno de pájaros cantando y pequeños arroyos.

Capítulo 24. La Clase de Arte

Completa las oraciones con las formas adecuadas de los verbos.

1. Julia (ver) . . . . muchas pinturas y pinceles en las mesas.

2. Ella (pensar) . . . . en la playa que visitaba con su familia.

3. Todos los estudiantes (crear) . . . . hermosos paisajes.

4. Señora García (caminar) . . . . entre las mesas.

5. Al final de la clase, todos (mostrar) . . . . sus pinturas.

Capítulo 25. Un Día de Nieve

Responde las siguientes preguntas eligiendo la opción correcta.

1. ¿Qué hizo David primero cuando salió al jardín?

a) Hizo un muñeco de nieve

b) Hizo bolas de nieve

c) Jugó con Antonio

2. ¿Qué usó David para la nariz del muñeco de nieve?

a) Una zanahoria

b) Una piedra

c) Un botón

3. ¿Quién llegó mientras David hacía el muñeco de nieve?

a) Su mamá

b) Su hermano

c) Su amigo Antonio

4. ¿Qué hicieron David y Antonio con el muñeco de nieve?

a) Pusieron piedras para los ojos

b) Pusieron botones para la boca

c) Pusieron una bufanda en el muñeco

5. ¿Qué les dio la mamá de David cuando entraron a la casa?

a) Galletas

b) Jugo de naranja

c) Chocolate caliente

Capítulo 26. El Museo de Historia

Completa las siguientes oraciones usando las palabras que faltan.

1. José visitó el museo de historia con su . . . . . .

a) familia

b) clase

c) amigo

2. Sr. Martínez los llevó primero a la sala de . . . . . .

a) antiguos egipcios

b) la Edad Media

c) dinosaurios

3. En la sala de antiguos egipcios, vieron momias y . . . . . .

a) pirámides

b) sarcófagos

c) castillos

4. En la Edad Media, los castillos servían como . . . . . .

a) fortalezas

b) tumbas

c) museos

5. Al final del recorrido, José estaba . . . . . .

a) cansado

b) triste

c) contento

Capítulo 27. Mi Desayuno Favorito

Lea las siguientes oraciones y determine si son verdaderas o falsas.

1. El desayuno favorito es vegano.

2. Siempre se usa una banana en el desayuno.

3. La persona añade fresas y arándanos frescos.

4. El desayuno incluye avena.

5. El desayuno nunca lleva semillas de chía.

Capítulo 28. Un Día en el Campo

Une las siguientes partes de las oraciones para que formen frases coherentes.

1. Mónica se despertó temprano...

2. Cuando llegaron al campo...

3. Mónica y su familia caminaron...

4. Al mediodía, se sentaron...

5. Mónica jugó con...

a) bajo un árbol grande para almorzar.

b) Mónica vio muchos animales.

c) y estaba muy emocionada.

d) su hermano pequeño.

e) por un sendero en el bosque.

Capítulo 29. La Visita al Dentista

Completa las oraciones con las palabras. Palabras: juguete, silla, dentista, revista, cepillo.

1. Víctor tenía una cita con el . . . .

2. En la sala de espera, Víctor vio una . . . .

3. Dr. Gómez le explicó todo mientras Víctor se sentaba en la . . . . grande.

4. Dr. Gómez dijo que los . . . . de Víctor están muy bien.

5. Después de la revisión, Dr. Gómez le dio a Víctor un . . . . de dientes nuevo.

Capítulo 30. La Feria del Libro

Ordena las siguientes palabras para formar oraciones completas.

1. libros / le / encantan / los / Sebastián

2. madre / con / su / a / feria / del / la / fue / libro

3. colores / brillantes / con / muchos / libros / había

4. leer / su / libro / empezó / nuevo / a

5. quiero / año / próximo / el / volver

Capítulo 31. Un Paseo por el Centro

Ordena las oraciones en la secuencia cronológica correcta.

a) Diego fue a una cafetería.

b) Diego vio a su amigo Luis.

c) Diego decidió visitar un museo.

d) Diego caminó por las calles llenas de tiendas.

e) Diego visitó una librería.

Capítulo 32. Un Día en el Oceanario

Completa las oraciones con las formas adecuadas de los verbos.

1. Catalina y sus amigos (decidir) . . . . ir al oceanario.

2. Ellos (llegar) . . . . al oceanario muy emocionados.

3. Catalina (señalar) . . . . a los peces nadando.

4. Ellos (tocar) . . . . estrellas de mar y erizos de mar.

5, Catalina y sus amigos (escuchar) . . . . con atención la presentación sobre tiburones.

Capítulo 33. La Fiesta de Fin de Año

Responde las siguientes preguntas eligiendo la opción correcta.

1. ¿Qué estaban haciendo Laura y Armando antes de que llegaran los amigos?

a) Durmiendo

b) Decorando y preparando la música

c) Cocinando

2. ¿Quién trajo comida y bebidas a la fiesta?

a) Laura y Armando

b) Los vecinos

c) Jimena, Mario, Diana y Roberto

3. ¿Qué hicieron todos justo antes de la medianoche?

a) Se fueron a dormir

b) Vieron el conteo regresivo en el televisor

c) Salieron al jardín

4. ¿Qué hicieron todos a la medianoche?

a) Comieron uvas y se abrazaron

b) Se fueron a casa

c) Encendieron las luces

5. ¿Cómo se sintieron Laura y Armando al final de la fiesta?

a) Tristes

b) Cansados

c) Muy contentos

Capítulo 34. La Clase de Música

Completa las siguientes oraciones usando las palabras que faltan.

1. Sara estaba muy emocionada por su clase de . . . . . .

a) matemáticas

b) música

c) ciencias

2. Sr. Ramírez iba a enseñarles a tocar la . . . . . .

a) guitarra

b) batería

c) flauta

3. Sr. Ramírez mostró a los estudiantes cómo . . . . . la flauta.

a) sostener

b) limpiar

c) pintar

4. Sara intentó seguir las . . . . . del Sr. Ramírez.

a) reglas

b) instrucciones

c) preguntas

5. Al final de la clase, todos los estudiantes pudieron . . . . . una canción.

a) tocar

b) dibujar

c) bailar

Capítulo 35. El Trabajo Nuevo

Lea las siguientes oraciones y determine si son verdaderas o falsas.

1. Daniel llegó tarde a su primer día de trabajo.

2. El jefe de Daniel se llama señor Pérez.

3. Sandra es una compañera de trabajo que ayudó a Daniel.

4. Durante la mañana, Daniel trabajó en su primer proyecto.

5. Al final del día, Daniel se fue a casa contento.

Capítulo 36. Un Día en el Gimnasio

Une las siguientes partes de las oraciones para que formen frases coherentes.

1. Alejandro se despertó temprano con...

2. Un instructor amable lo saludó...

3. Decidió comenzar con...

4. Pasó a levantar pesas...

5. Alejandro se sintió cansado...

a) un calentamiento ligero.

b) una determinación en mente.

c) y satisfecho.

d) y lo guió por el gimnasio.

e) y hacer ejercicios de fuerza.

Capítulo 37. El Taller de Fotografía

Completa las oraciones con las palabras. Palabras: capturando, aprender, talleres, feliz, naturaleza.

1. Cuando vio el anuncio sobre los . . . ., Camila decidió inscribirse.

2. Durante la clase, Camila estaba feliz por . . . . algo nuevo.

3. Camila descubrió que le gustaba fotografiar la . . . . y los detalles pequeños.

4. Camila se sintió . . . . y orgullosa cuando supo que amaba la fotografía.

5. Camila se imaginó viajando a lugares lejanos y . . . . fotos.

Capítulo 38. La Clase de Baile

Ordena las siguientes palabras para formar oraciones completas.

1. decidió / Esteban / inscribirse / clase / una / en

2. enseñó / pasos / Sánchez / básicos / señora

3. baile / nuestra / a / bienvenido / de / clase

4. pie / movemos / adelante / el / hacia / derecho

5. era / música / alegre / la

Capítulo 39. El Primer Día de Vacaciones

Ordena las oraciones en la secuencia cronológica correcta.

a) Gabriel comió tostadas, mermelada y jugo de naranja para el desayuno.

b) Se sentó en el jardín y comenzó a leer.

c) Jugó al fútbol con sus amigos en el parque.

d) Caminó hasta la biblioteca para sacar algunos libros.

e) Gabriel se despertó temprano y sonrió al ver el sol.

Capítulo 40. Visita a los Abuelos

Completa las oraciones con las formas adecuadas de los verbos.

1. Rafael y Maríana (estar) . . . . muy emocionados porque iban a visitar a sus abuelos.

2. Cuando (llegar) . . . . a la casa de los abuelos, los recibieron con abrazos y besos.

3. Rafael y Maríana (comer) . . . . muy felices.

4. El abuelo les (mostrar) . . . . su jardín lleno de flores y plantas.

5. Pasaron la tarde jugando y (hablar) . . . . con sus abuelos.

Soluciones

Capítulo 1. Día en la Escuela

1. b) Tostadas con mermelada y leche caliente

2. c) Su madre

3. c) Matemáticas

4. a) Jugaron a la rayuela y comieron un refrigerio

5. b) Su madre

Capítulo 2. Un Paseo por el Parque

1. a) parque

2. b) columpios

3. b) ardilla

4. c) animal

5. a) flores

Capítulo 3. Compras en el Supermercado

1. Falso (William compró manzanas rojas.)

2. Verdadero

3. Verdadero

4. Falso (William pagó con su tarjeta de débito.)

5. Falso (William salió del supermercado contento.)

Capítulo 4. La Familia de Pablo

1. b) Pablo tiene una familia pequeña pero feliz.

2. c) Luis es alto y tiene el pelo corto y negro.

3. e) Anita es profesora y excelente cocinera.

4. d) Marta es una niña muy enérgica y curiosa.

5. a) Rosa es la abuela de Pablo y siempre tiene una sonrisa en el rostro.

Capítulo 5. El Cumpleaños de Jorge

1. cumpleaños

2. pastel

3. amigos

4. regalos

5. piñata

Capítulo 6. Un Día de Playa

1. Está muy rica.

2. El sol brillaba fuerte.

3. La arena estaba muy caliente

4. Pasaron la tarde tomando el sol.

5. Padres extendieron las toallas de playa.

Capítulo 7. En la Estación de Tren

1. b) Sofía se despierta temprano y se viste con ropa cómoda.

2. e) Papá compra los boletos en el mostrador.

3. a) La familia camina hacia el andén para esperar su tren.

4. c) Sofía y Julio se entretienen contando los vagones del tren.

5. d) La familia escucha un pitido fuerte y el tren comienza a moverse.

Capítulo 8. Mi Mascota

1. recibe

2. trae

3. acurruca

4. esconde

5. sueña

Capítulo 9. Un Día Lluvioso

1. c) Lluvioso

2. a) En la sala

3. b) Leer un libro de cuentos

4. c) Preparando algo delicioso en la cocina

5. b) Contentos de estar juntos

Capítulo 10. La Cena en Casa

1. a) cocina

2. c) lechuga, tomates, zanahorias y pepinos

3. a) sal

4. b) olla

5. b) el arroz

Capítulo 11. Visita al Zoo

1. Falso (Guillermo y Carlos visitaron el zoológico de Madrid un domingo por la mañana.)

2. Verdadero

3. Verdadero

4. Verdadero

5. Falso (Guillermo observó fascinado a los loros en el aviario.)

Capítulo 12. Un Día en la Montaña

1. c) Ramón y su familia decidieron ir de excursión.

2. e) Ramón preparaba su mochila.

3. a) Ramón recogió algunas flores silvestres.

4. b) Disfrutaron de la vista de las majestuosas montañas.

5. d) Llegaron a la cima de una montaña.

Capítulo 13. Mi Mejor Amigo

1. inseparables

2. fútbol

3. bicicleta

4. aventuras.

5. imaginación.

Capítulo 14. La Fiesta en el Barrio

1. Anoche hubo fiesta muy divertida.

2. Todos llegaron al parque.

3. Los adultos charlaban historias.

4. Todos comenzaron a bailar la música.

5. La fiesta duró hasta la noche.

Capítulo 15. La Visita al Médico

1. d) El papá de Tomás llamó al consultorio del doctor y consiguió una cita.

2. b) Tomás y su papá llegaron al consultorio del doctor.

3. a) El doctor López escuchó el pecho de Tomás con el estetoscopio.

4. e) El doctor le dio a Tomás una piruleta por ser un buen paciente.

5. c) Tomás se quedó en casa y siguió las indicaciones del doctor.

Capítulo 16. Mi Habitación

1. es

2. tengo

3. está

4. pongo

5. gusta

Capítulo 17. El Partido de Fútbol

1. b) En el parque

2. c) Roberto

3. b) Piedras y mochilas

4. a) Andrés

5. c) Compartieron bebidas y bocadillos

Capítulo 18. Un Viaje en Avión

1. a) nerviosa

2. c) yendo y viniendo

3. a) cinturón

4. b) juguetes

5. b) pájaro

Capítulo 19. Mi Clase de Español

1. Falso (La profesora de la clase de español se llama señora Flores.)

2. Falso (En la clase hay diez estudiantes.)

3. Verdadero

4. Falso (Las clases de español son los martes y jueves.)

5. Verdadero

Capítulo 20. La Biblioteca

1. d) Andres fue a la biblioteca el sábado por la mañana.

2. e) La señora Lucía siempre le ayuda a encontrar buenos libros.

3. b) Primero, fue a la sección de aventuras.

4 a) Andres se sentó y empezó a leer el libro de piratas.

5. c) La biblioteca es un lugar mágico para Andres.

Capítulo 21. Una Tarde de Cine

1. amigos

2. compraron

3. palomitas

4. película

5. sala

Capítulo 22. El Festival de Música

1. Verónica fue al festival de música.

2. Tocó una banda de rock.

3. Ella bailó con sus amigos.

4. Compró una camiseta del festival.

5. Estaba muy contenta al final del día.

Capítulo 23. Un Paseo en Bicicleta

1. c) Francisco preguntó a su papá a dónde irían hoy.

2. b) Montaron en sus bicicletas y comenzaron su aventura.

3. d) Francisco vio un camino de tierra que parecía interesante.

4. a) Cambiaron de dirección y tomaron el camino de tierra.

5. e) Descubrieron un hermoso bosque lleno de pájaros cantando y pequeños arroyos.

Capítulo 24. La Clase de Arte

1. vio

2. pensó

3. crearon

4. caminaba

5. mostraron

Capítulo 25. Un Día de Nieve

1. b) Hizo bolas de nieve

2. a) Una zanahoria

3. c) Su amigo Antonio

4. b) Pusieron botones para la boca

5. c) Chocolate caliente

Capítulo 26. El Museo de Historia

1. b) clase

2. c) dinosaurios

3. b) sarcófagos

4. a) fortalezas

5. c) contento

Capítulo 27. Mi Desayuno Favorito

1. Verdadero

2. Falso (A veces, se usan dos bananas si hay mucha hambre.)

3. Verdadero

4. Verdadero

5. Falso (A veces, también se añaden unas semillas de chía por encima.)

Capítulo 28. Un Día en el Campo

1. c) Mónica se despertó temprano y estaba muy emocionada.

2. b) Cuando llegaron al campo, Mónica vio muchos animales.

3. e) Mónica y su familia caminaron por un sendero en el bosque.

4. a) Al mediodía, se sentaron bajo un árbol grande para almorzar.

5. d) Mónica jugó con su hermano pequeño.

Capítulo 29. La Visita al Dentista

1. dentista

2. revista

3. silla

4. dientes

5. cepillo

Capítulo 30. La Feria del Libro

1. Sebastián le encantan los libros.

2. Fue a la feria del libro con su madre.

3. Había muchos libros con colores brillantes.

4. Empezó a leer su nuevo libro.

5. Quiero volver el próximo año.

Capítulo 31. Un Paseo por el Centro

1. d) Diego caminó por las calles llenas de tiendas.

2. e) Diego visitó una librería.

3. b) Diego vio a su amigo Luis.

4. a) Diego fue a una cafetería.

5. c) Diego decidió visitar un museo.

Capítulo 32. Un Día en el Occanario

1. decidieron

2. llegaron

3. señaló

4. tocaron

5. escucharon

Capítulo 33. La Fiesta de Fin de Año

1. b) Decorando y preparando la música

2. c) Jimena, Mario, Diana y Roberto

3. b) Vieron el conteo regresivo en el televisor

4. a) Comieron uvas y se abrazaron

5. c) Muy contentos

Capítulo 34. La Clase de Música

1. b) música

2. c) flauta

3. a) sostener

4. b) instrucciones

5. a) tocar

Capítulo 35. El Trabajo Nuevo

1. Falso (Daniel llegó temprano a su primer día de trabajo.)

2. Verdadero

3. Verdadero

4. Falso (Por la tarde, Daniel trabajó en su primer proyecto.)

5. Verdadero

Capítulo 36. Un Día en el Gimnasio

1. b) Alejandro se despertó temprano con una determinación en mente.

2. d) Un instructor amable lo saludó y lo guió por el gimnasio.

3. a) Decidió comenzar con un calentamiento ligero.

4. e) Pasó a levantar pesas y hacer ejercicios de fuerza.

5. c) Alejandro se sintió cansado y satisfecho.

Capítulo 37. El Taller de Fotografía

1. talleres

2. aprender

3. naturaleza

4. feliz

5. capturando

Capítulo 38. La Clase de Baile

1. Esteban decidió inscribirse en una clase.

2. Señora Sánchez enseñó pasos básicos.

3. Bienvenido a nuestra clase de baile.

4. Movemos el pie derecho hacia adelante.

5. La música era alegre.

Capítulo 39. El Primer Día de Vacaciones

1. e) Gabriel se despertó temprano y sonrió al ver el sol.

2. a) Gabriel comió tostadas, mermelada y jugo de naranja para el desayuno.

3. c) Jugó al fútbol con sus amigos en el parque.

4. d) Caminó hasta la biblioteca para sacar algunos libros.

5. b) Se sentó en el jardín y comenzó a leer.

Capítulo 40. Visita a los Abuelos

1. estaban

2. llegaron

3. comieron

4. mostró

5. hablando